笹川豪介

関原秀行

冨田雄介

関口彰正

Q&Aでわかる！
デジタル遺産の相続

株式会社きんざい

Q&Aでわかる！　デジタル遺産の相続

はしがき

　本書は今後起こり得る社会問題を解決するためのものです。

　…というと言い過ぎかもしれませんが、デジタル遺産の相続については、このまま放置すればいずれ社会問題となるのが目に見えています。

　データが人々にとって価値を有する点については、誰もが意識しているといえます。特に、昨今のコロナ禍でのデジタル化の進展、キャッシュレス決済の推奨、デジタル庁創設の検討などの話題をみると、これまで以上にデジタル化が促進されることが考えられます。

　このようなデジタル化の推進の中で取り扱われるデータのうち、各種ポイントやペイメントサービスの残高等については、財産的な意義を有することが想定されるものです。昨今では、デジタルコンテンツの多様化により、データの価値、特に財産的な意義を有するデータの価値が一層重要となっています。

　一方で、データや情報それ自体については、所有権の概念が認められないことから、相続発生時にサービス提供者の取扱いに従うほかなく、被相続人・相続人双方にとって不幸な結果となることも少なくないと考えられます。

　デジタル遺産（デジタル遺品）の相続については、昨今、国会答弁でも取り上げられているように、ますます注目されており、様々なトラブルが発生することが容易に想定されます。今後、デジタル遺産の相続について明確な解釈がなされるべく立法がされ、あるいは裁判所による判断がなされることも考えられますが、その時期はわかりませんし、少なくとも立法等が整備されるまでの間は不安定な状況に置かれるものとなります。

　デジタル遺産の相続について、対策が消極的となりやすい事情としては、サービス種別の多様性、それに応じた相続財産への該当性など、とにかくわかりづらいということが挙げられます。また、サービス提供者ごとに異なる利用規約による制限もあり、相続による承継自体が困難なものも多くあります。

　このような中で、デジタル遺産の相続にかかるトラブルを回避し、円滑に相続を行う、あるいはその準備の方針を検討するために役立つのが本書であると考えています。

とはいえ、デジタル遺産の相続については、未だ解釈が不安定であることから、何か決まった手続きをとることで万全となるものではありません。

　そこで本書では、まず①デジタル遺産の相続とは何なのかという一般論を展開したうえで、②サービスごとの相続手続について現状どのようになっているのかに触れ、最後に③デジタル遺産の相続に備えて何ができるのかを解説します。このような構成をとることで、デジタル遺産の相続についての理解を深め、今、何ができるのかを考えていくことができれば幸いです。

　本書はいずれもデジタル遺産や金融、相続について多くの知見を持つ弁護士により執筆されており、弁護士、司法書士、金融機関職員やFPといった専門家の理解の促進に役立つものと考えています。一方で、必ずしも専門家だけを対象とするものではなく、デジタル遺産の相続に興味・関心がある方であれば、専門用語等の理解がなくても読み進められるように構成されています。途中でわからない用語があっても、そこで立ち止まることなく本書を読み進めていただくことで、デジタル遺産の相続に関する理解が深まり、とるべき対応についても考えていくことができるものとなっています。

　デジタル遺産の相続については、相続という歴史のある分野と、デジタルという比較的新しい分野が融合したもので、これまでさほど多く議論がされていない分野です。このような分野について、本書を通じて多くの皆様に興味を持ってもらい、ひいてはデジタル遺産の相続に関して、なるべく大きな問題が起きないようになればと、私達は願っています。

　最後に、本書をはじめ、「デジタル遺産の相続」に関する様々な企画を実現するために多大なご尽力をいただいた株式会社きんざいの松本直樹氏、本書の執筆をお許しいただいた各執筆者が所属する組織の関係者の方々には、執筆者一同、厚く御礼申し上げる次第です。

2021年1月

執筆者を代表して

笹川豪介

凡　例

本文中に掲げる法令・裁判例・判例集については、次のとおり略記しました。

〔法令〕
資金決済法　資金決済に関する法律

〔裁判例〕
最大決平成28年12月19日　最高裁判所大法廷平成28年12月19日判決

最判平成29年4月9日　最高裁判所平成29年4月9日判決

東京高判平成12月21日　東京高等裁判所平成12月21日判決

大判明治38年5月11日　大審院明治38年5月11日判決

東京地判平成17年12月15日　東京地方裁判所平成17年12月15日判決

〔判例集〕
民集　最高裁判所民事判例集
集民　最高裁判所判例集民事編
民録　大審院民事判決録
判タ　判例タイムズ
金法　金融法務事情

第 1 章　デジタル遺産とは

第 2 章　サービスごとの相続手続

第3章　こんな時に備えて

著者紹介

笹川豪介（ささかわ　ごうすけ）

弁護士・LINE Pay/LVC株式会社 セキュリティ室長
2004年3月 慶應義塾大学総合政策学部卒業
2004年4月〜2019年1月 三井住友信託銀行（旧・中央三井信託銀行）
2011年12月 弁護士登録
2012年4月 筑波大学法科大学院非常勤講師（現職）
2014年10月〜2016年9月 岩田合同法律事務所
2019年2月 LINE株式会社入社・情報セキュリティ部門配属（現職）
2019年9月 名古屋商科大学マネジメント研究科修了（Executive MBA・修士（経営学））

著書として、「AIスコアサービスの可能性と倫理的諸問題への対応」（金融法務事情2019年10月10日号）、『金融実務に役立つ成年後見制度Q&A』（編著、経済法令研究会）、「実務にとどく　相続の基礎と実践1〜24」（金融法務事情（連載）2014年5月25日号〜2016年9月25日号）、『信託法実務判例研究』（共著、有斐閣）、『Q&A信託業務ハンドブック[第3版]』（共著、金融財政事情研究会）他多数。

関原秀行（せきはら　ひでゆき）

弁護士・インハウスハブ東京法律事務所・LINE株式会社（プライバシー・カウンセル）
2003年3月 東海大学理学部物理学科卒業
2009年3月 学習院大学法科大学院修了
2010年12月 弁護士登録
2012年〜2014年 総務省総合通信基盤局電気通信事業部出向

国内のプライバシー関連法令（個人情報保護法、通信の秘密等）や海外のデータ保護法制（GDPR、CCPA等）の規制対応を中心に取り扱う。

著書として、『ストーリーとQ&Aで学ぶ 改正個人情報保護法』（単著、日本加除出版）、『基本講義プロバイダ責任制限法』（単著、日本加除出版）、『情報ネットワークの法律実務』（共著、第一法規）など。

冨田雄介（とみた　ゆうすけ）

岩田合同法律事務所パートナー弁護士
2007年3月 東京大学法学部卒業
2009年3月 慶應義塾大学法科大学院修了
2010年 弁護士登録
2014年〜2016年 三井住友信託銀行出向

金融関連分野（金融規制、ファイナンス、バンキング、信託取引、債権回収等）やコーポレート分野（M&A取引、株主総会対応、コーポレートガバナンス等）を中心に取り扱う。

著書として、『Q&A 家事事件と銀行実務　第2版』（共著、日本加除出版）、『株主総会判例インデックス』（共著、商事法務）、『民法改正対応契約書作成のポイント』（共著、商事法務）、『一問一答 相続法改正と金融実務』（共著、経済法令研究会）、『債権法改正Q&A－金融実務の変化に完全対応－』（共著、銀行研修社）、『時効・期間制限の理論と実務』（共著、日本加除出版）、『金融実務に役立つ成年後見制度Q&A』（共著、経済法令研究会）、『詳解 民事信託 実務家のための留意点とガイドライン』（共著、日本加除出版）、『家族信託をもちいた財産の管理・承継』（共著、清文社）他多数。

関口彰正（せきぐち　あきまさ）

岩田合同法律事務所アソシエイト弁護士
2014年3月　慶應義塾大学法学部法律学科卒業
2015年12月　弁護士登録
2015年12月〜2019年4月　牛島総合法律事務所
2019年5月〜　岩田合同法律事務所

金融・証券規制に係る助言や金融機関の通常業務に関する助言等、幅広く金融機関へのアドバイスを行っている。その他、紛争分野、コーポレート分野（株主総会対応、コーポレートガバナンス等）を取り扱う。

著書として、『【実務シリーズ】新型コロナウイルス感染症と企業の緊急法務対応』（共著、SMBC経営懇話会）、『Q&A独占禁止法と知的財産権の交錯と実務 基礎から応用までを理解しコンプライアンスを実現するための手引き』（共著、日本加除出版）。

第1章　デジタル遺産とは

Q 1 デジタル遺産の相続とは何ですか?

A デジタル遺産の相続とは、相続開始時点に存在する、データやデータを保存している媒体といったデジタル遺産についての相続を指します。デジタル遺産以外の遺産の相続と手続き等が異なることがあるため、デジタル遺産の相続については特に注意する必要があります。

解説

1——デジタル遺産とは

デジタル遺産とは何でしょうか。法律上その外縁を明確に示す定義はありませんが、一般的な感覚としては、データやデータを保存している媒体を指すものと考えられます。これには、インターネット等の通信ネットワーク上のサービスに基づいて法律上・契約上発生する財産的な価値を含むと考えられます。

データについては、法律上は「情報」とくくられることになるものと考えられます。この情報について、少なくとも日本の私法上は所有の概念がありません。暗号資産については、資金決済法で定義されますが、個人情報保護法では個人情報は保有・管理の対象とされるにとどまっており、情報そのものがどこまで相続財産となるかは現状明らかではありません。

2——デジタル遺産の相続とは

デジタル遺産の相続とは、相続開始時点に存在する、このデジタル遺産についての相続を指します。デジタル遺産以外の遺産の相続と手続き等が異なることがあるため、デジタル遺産の相続について特に考える必要があります。

Q2以下では、なぜデジタル遺産の相続が重要か、という点に触れつつ、通常の遺産の相続手続がどうなっているのか、デジタル遺産の相続とは何が異なるのかについて、説明していきます。

Q2 デジタル遺産の相続は、なぜ重要なのでしょうか?

A データが人々にとって価値を有する点は、誰しもが意識しています。また、遺産の中でデジタル遺産が占める財産的価値についても、日々増加しているものと考えられます。一方で、デジタル遺産の相続については法的な整理が不十分な点が少なくなく、デジタル遺産を意識した相続対策も現状なかなか進んでいません。このような状態で問題が生じることを回避するために、デジタル遺産の相続に対する備えが重要になるのです。

解説

1──デジタル遺産の価値

データが人々にとって価値を有する点については、ハードディスク等にデータが保存されるようになってから、あるいは各種の取引に伴い様々なポイント等のサービスが生じるようになってから、誰もが意識しているといえます。この点、データそのものについては、データの内容が意義を有するものであり、データを保存する媒体については、それが財産的な意義を有することが想定されるものです。

昨今では、データ容量の増加やスマートフォン、クラウドサービスの普及といったデジタルコンテンツの重要化・多様化により、上記のような意義が一層重要となっています。

2──デジタル遺産の意識

一方で、データや情報それ自体については、所有権の概念が認められず、これまではそれを保管してある媒体の所有権等を通じてしか権利の画定がな

されていません。

　しかし、自身がそれを保有する範囲であればともかく、このようなデータ・情報について特段の整理がないまま保有者が死亡し、相続が発生した場合はどうでしょうか。現実としては、利用規約やこれに基づくサービス提供者の扱いによるしかなく、これにより、被相続人・相続人双方にとって不幸な結果となることも少なくないものと考えられます。

　このようなデータ・情報に関するデジタル遺産（デジタル遺品）の相続については、昨今国会答弁でも取り上げられているように、ますます注目されています。日常の中でデジタル遺産が生じ、遺産の中に占めるデジタル遺産の価値は日々高まっているといえるでしょう。その中で、法的な整理が曖昧なまま相続が発生すると、個別の相続としても大きな問題のとなりますし、社会問題にもなりかねません。

　このような問題を回避すべく、デジタル遺産の相続について意識を持ち、問題点を把握したうえで、必要な準備をすることが重要になってくることになります。

3——デジタル遺産の相続がわかりづらい理由

　デジタル遺産の相続について、その対策が消極的となる事情がいくつかあります。すなわち、一般の人からすると、そもそも、データを保存しているデバイスとデータの内容・コンテンツの分別がしづらいものです。また、他の遺産と異なり、財産が類型化されていないこと、サービス種別が多様であって、それに応じた相続財産への該当性などが不明確であることも、デジタル遺産の相続をわかりづらいものとしています。さらに、サービス提供者ごとに異なる利用規約による制限もあり、相続による承継自体が困難なものも多くあります。

　法的な問題点の多い中で、明確な回答がない点が多いことから、相続対策をしたとしても、結局被相続人の考えたとおりになるとは限らないという問題もあります。

　その対策の重要性については昨今の様々なサービスの展開と利用者の拡大

を見れば言うまでもないでしょう。人々は、現金とさほど変わらない、ある
いは決済の簡便性やポイントの付与までみれば現金より利便性が高いものと
して、各種サービスを利用しています。暗号資産についても、一部投機的だ
という見方はあるものの、投資対象の一種として認知されてきています。ま
た、ポイントについても預貯金と同じように貯めている財産的なものと認識
され、SNSについてはそれ自体が財産ではないものの、連絡先としての重要
性は高まり、日常に溶け込んだサービスとして普及しています。デジタル
サービスは日々拡大し、個人にとっても重要な財産となっているのです。

　このように、先の消極的な事情があるだけでなく、デジタル遺産は一般的
な遺産と異なり意識されづらいものです。デジタル遺産については、重要性
が高まっているにもかかわらず相続対策が積極的に行われていません。一方
で、法律的な解釈が明確ではないため争いが起きる懸念が高いといえます。
また、そもそも相続については、困る状況が起きやすいからこそ、対策が重
要なのであり、これを放置すべきではないことから、十分な対策を講じるべ
きものと考えられます。

Q 3 デジタル遺産の相続の手順について教えてください。

A デジタル遺産の相続も、普通の相続と基本的には同じ流れで進行します。相続一般については、①いつ（相続開始時）、②どこで（どの国の法律に基づき）、③誰が（相続人・受遺者）、④何を（遺産・相続財産）、⑤どのように（承継の形態）、⑥どれだけ（相続分）承継するかという観点で整理・進行がなされます。

解説

1——相続とは

そもそも相続とは、ある自然人（被相続人）の法律上の地位、財産上の権利義務が、その死亡により、特定の人（相続人等）に承継帰属することをいいます。

相続に関しては、①いつ（相続開始時）、②どこで（どの国の法律に基づき）、③誰に（相続人・受遺者）、④何が（遺産・相続財産）、⑤どのように（承継の形態）、⑥どれだけ（相続分）承継するかが重要な問題となります。

2——相続による遺産の承継

相続による遺産の承継については、遺言の有無により大きく異なります。遺言がない場合は、法律に定められた内容に従うことから、法定相続と呼ばれています。

（1） 法定相続

法定相続の場合の相続人は、法律に定められており、法定相続人と呼ばれます。法定相続人の範囲・順位については、被相続人とどのような関係を有

する者が相続人になるのか、その優先順位も含めた規定がなされています。（また、相続人から外れる事由として、本人の意思により相続人でなくなる相続放棄、一定の事由がある場合に相続人・受遺者になれないとする欠格、被相続人の意思により相続人から除くことができる推定相続人の廃除などがあります）

　法定相続人の範囲・順位の規定に基づいて誰が法定相続人になるかが決まった結果、法定相続人が1人であれば単独相続、2人以上であれば共同相続、誰もいなければ相続人不存在となります。相続人が1人なら当該相続人がすべての遺産を承継し、誰もいなければ相続人不存在ということで遺産の精算手続を行うことになります。

　法定相続人が2人以上の場合には、各遺産は相続人の共有となり、具体的な帰属を決める遺産分割は、法定相続分およびいっさいの事由を考慮してすることとなります。共同相続に関しては、法定相続割合について民法に詳細な規定があり、どの遺産を誰に帰属させるかの方法については、相続人間で任意の話し合いを行う遺産分割協議と、裁判所で話し合いを行う遺産分割調停、裁判所の判断によって決める遺産分割の審判に分けて規定されています〔**図表1**〕。

（2）　遺言相続

　遺言がある場合の相続による承継は、基本的には遺言に記載されているとおり行うことになります。その例外として、相続放棄・欠格・廃除がある場合、遺留分侵害額請求権が行使された場合が挙げられます。

　遺言書の中に記載がなされていない遺産については、遺言があったとしても法定相続の手続きがとられることになります。また、相続放棄や欠格、遺言無効の場合には、一部の遺産について法定相続となることがあります。

　遺言については、民法に定めた方式によらないと有効な遺言となりません。代表的な遺言の方式としては遺言者が全文自書する自筆証書遺言、公証役場で作成する公正証書遺言が挙げられますが、ほかにも秘密証書遺言・危急時遺言などの方式があり、それぞれについて作成方法・手続きの要件が定められています。

　遺言相続の手続きとしては、裁判所が関与して遺言を確認する検認手続等

があります。

　遺言相続の関係者として、遺言執行者がいます。遺言執行者には相続人が指定されることもあれば、弁護士や信託銀行などの専門家が指定されることもあります。

3——遺産（相続財産）

　遺産については、相続発生時点で被相続人が有しているすべての財産がその範囲に含まれるものです。主として法定相続で共同相続の際の問題ですが、遺産の承継方法については、大きく預金のような可分債権、不動産のような不可分の財産、債務に分けられ、承継方法が異なることになります。

　遺産については、一定の場合には精算手続がとられます。具体的には、限定承認・財産分離・相続財産等の破産・相続人不存在の場合です。

4——相続人等・相続分

　法定相続において、法定相続人となった者はその相続による遺産の承継をするかしないかの選択をすることになります。財産・債務等をすべて含めて承継するのか、財産が存する範囲で債務等を弁済するのか、すべて放棄するのかにより、単純承認、限定承認、相続放棄に分けられます。遺言相続で遺贈がなされた場合にも遺贈を受けるか、放棄するかの選択ができますが、その方法等については特定遺贈か包括遺贈かなどにより異なることになります。

　相続人・受遺者は遺産の承継に伴い必要な手続等を行う権利を有しますが、具体的にどのような権利を有するのか、遺言執行者がいる場合の権利行使の範囲が問題となることがあります。

　相続人の範囲については主に法定相続に関係するものですが、遺言相続にも関係することがあります。例えば、遺贈放棄や、欠格・廃除などが挙げられます。また、遺留分侵害額請求権に関しては、これを行使し得る者（遺留分権利者）の範囲と遺留分の割合について法定相続人の範囲と相続分に関連します。

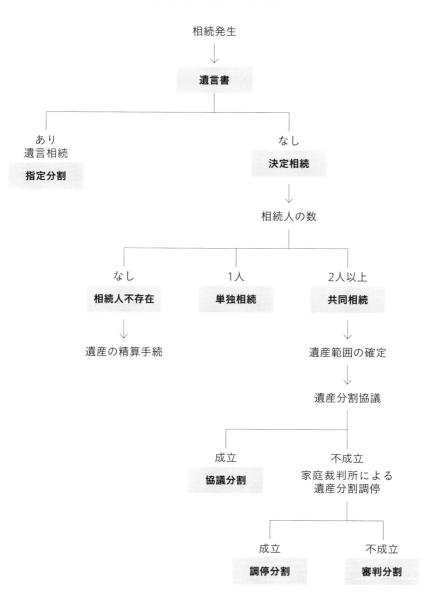

〔図表1〕 相続手続の概要

相続発生

遺言書

あり
遺言相続

指定分割

なし
決定相続

相続人の数

なし
相続人不存在

遺産の精算手続

1人
単独相続

2人以上
共同相続

遺産範囲の確定

遺産分割協議

成立
協議分割

不成立
家庭裁判所による
遺産分割調停

成立
調停分割

不成立
審判分割

出所：筆者作成

Q 4 データの保存媒体の相続についても、デジタル遺産の相続となるのでしょうか?

A データの保存媒体自体には、一般の遺産と同様に所有権が発生し得るため、一般的な相続手続と同様に取り扱うのが原則です。ただし、その中に含まれているデータについては、各種インターネット上のサービスに基づいて発生したものがありますので、デジタル遺産の相続の対象にもなり得ますし、知的財産権等にも注意する必要があります。

解説

1——物理的なデバイスの承継

(1) データの保存媒体とは

データの保存媒体とは、物理的なデバイス、すなわち、パソコン（その中のハードディスク等の媒体）、USBメモリー、スマートフォン等を指します。これらについてはあくまでデバイスという動産であることから、民法上の相続財産となり、物としての相続手続の対象となるのが原則です。

ただし、物としてはそのデバイスを承継した人に所有権が帰属することから権利上の制約はないものの、パスワード等による事実上の利用・制御の困難があり得る点には注意が必要です。

(2) デバイスに保存されたデータの取扱い

デバイスに保存されたデータについてはデバイスの所有権に付随して承継されることになりますが、そのデータ自体がインターネット等を経由したサービスに付随するものである場合に、当該サービスのアカウントやサービス利用に伴って生じるデータが当然に承継されるものではありません。

例えば、デバイスにSNSのメッセージが保存されていたとすると、結果としてそれを見ることができるかもしれませんが、SNSのアカウントを承継できるものとは限りません。また、被相続人が動画配信サービスを利用していたことに伴ってデバイスから動画を視聴することができることも考えられますが、アカウントの承継がなされない状態での視聴は利用規約違反になる可能性もあります。

同じように、各種ポイントサービス等についても、仮にデバイスからアクセスが可能であってもアカウントの承継の可否等は別問題です。これらについては、サービス提供者のサーバー側のデータを元にサービスを提供するものであって契約・利用規約に基づき承継の可否・内容を判断することになります。よって、デバイス内に残存したデータが（契約等の存在に関する証拠となることはあるとしても）これにかかる権利自体の承継の根拠となることもありません。

（3）　知的財産権の承継

これらとは別の観点として、著作権等の知的財産権の問題があります。デバイス上に保存されたデータにおいて著作権が生じる表現等が残存していたとしても、デバイスの所有権と著作権等の知的財産権とは別の権利ですので、直ちにこれがデバイスの承継者に帰属するとは限りません。

なお、これらのデバイスについては、その財産的な価値と比較して内容の機微性が高いことがあり、プライバシーの観点から、被相続人としてはその承継ではなく非承継を希望することもあります。相続手続において、承継をしないという選択肢はないことから、法的には、デバイスの廃棄業者に対して、準委任（死後委任）をすることが考えられます。その際は、念の為デバイスの所有権自体についても死因贈与等により廃棄業者に移転させる、あるいは信頼できる相続人や遺言執行者（予定者）に対して廃棄業者への引き渡しを生前依頼しておくなどの事実上の工夫も比較的重要になってくるものと考えられます。

2── スマートフォンへの規約の適用

物理的なデバイスとして昨今の生活で欠かすことができないのがスマート

フォンです。スマートフォンには、アプリ等を通じて、様々なサービスへのアクヤスがなされます。アプリを通じたサービスについては個別のサービスとして認識されやすいところですが、スマートフォンのOSと紐付いているように見えるサービスの利用規約についてはどのように整理されるべきでしょうか。

　この点、現在シェアの高いスマートフォン向けのOSといえば、Google社が提供するAndroidとApple社が提供するiOSです。これらについては、デバイスの利用自体やアカウント・クラウドサービス・アプリマーケット等についての利用規約の存在が考えられます。利用規約自体はアカウント等を通じた利用者との間の契約であり、その契約関係の承継という構成も考えられるものの（あまり実質的な意義は大きくないものと思われます）、特にアカウントと紐付いているサービスの場合は、通常、契約上の地位の承継ではなく、デバイスという物の承継とは紐付けずに被承継者、承継者それぞれとの関係において契約が成立していると考える方が自然なように見えます。

　結果として、デバイス自体の承継とは独立して、サービスごとに利用規約等に基づいて相続について検討することになるものと考えられます。

Q 5 デジタル遺産の相続と普通の遺産の相続との違いを教えてください。

A デジタル遺産の相続のうち、サービス提供者のサーバーにデータが保管されるようなサービスについては、データそのものを遺産と捉えるのではなく、サービス提供者との間の契約上の地位や財産的価値の承継と整理することになります。そのうえで、そのデジタル遺産がどのような種別・類型のものなのかに応じて、相続対象となるのか否かを整理する必要があります。

解説

1——総論

デジタル遺産の相続と、普通の遺産の相続との違いについては、どのように考えるべきでしょうか。

デジタル遺産のうち媒体・デバイスに保存されるものについては、Q4のとおり、デバイスの所有権の承継に付随するのが原則ですので、ここでは、サービス提供者のサーバーへの保管がされることを前提とするデータについてみていきます。

このようなサービスについては、データは、サービス提供者との契約に基づいて保存されることになりますので、相続との関係では、契約上の地位の承継（相続による包括承継）や、これに紐付く財産的価値ということになります。一方で、利用規約においてその承継について制限があり、あるいは相続に関する民法上の規定と関連する規定が置かれない部分があることから、そのような場合の取扱いが問題となります。

ここでは、相続手続との関係で、どのような問題が生じ得るかについて解説を行うこととします。

2——デジタル遺産の種別・類型

　まず、デジタル遺産については、多様な形態・サービスがあるものの、一定の種別・類型があることから、何がその対象になるかを整理する必要があります。

　具体的な種別・類型としては、暗号資産（その取引所）、ポイントサービス、SNS・ブログ・クラウドサービス、前払式支払手段・資金移動業に該当し得るチャージ式電子マネーや各種ペイメントサービスなどが考えられます。相続手続ごとに、これらのデジタル遺産の種別・類型ごとに、法的性質を考慮して一般的な相続手続との異同・問題点の有無・内容等の検討が必要となります。

　なお、これ以外にも、デジタル遺産としては、ビジネスチャット、EC（Electronic Commerce）なども考えられます。しかし、これらについては、その内容としてメッセージや購買履歴等が考えられるものの、それ自体を相続による承継対象とすることがあまり考えられません。

3——相続手続の如何

　次に、デジタル遺産について、どのような相続手続となるのか、何が相続対象となるのかといった問題があります。すなわち、デジタル遺産についてサービス利用との関係では契約上の地位の承継であり、まずは利用規約上でその承継を認めるかという点がポイントとなります。この点、そもそもデジタル遺産に関するサービスについては、アカウント等の契約上の地位自体の承継を認めるものは少なく、遺言の対象となるか以前に、相続による承継が認められないことが多いといえます。

　そのうえで、サービス利用ではなく、そのコンテンツとしての遺産についてどう取り扱うかはサービスにより異なります。一般論としては、その資産としての価値が認められやすいものほど払戻し等の実質的に相続と同等の手続きを定めることが多いように見受けられます。例えば、暗号資産や資金移動業としてのペイメントサービスについては、法的構成はともかくとして資

産価値は認められやすく、チャージ式電子マネーについても、前払式支払手段とはいうものの日々の決済手段として浸透していることもあり、相続と同等に払戻し等を認めることが多いようです〔**図表2**〕。

　暗号資産やポイントについては、金銭としての払戻しが認められるのか、そのままの状態でのみ承継を認めるのかという点も問題となります。暗号資産については、有価証券と同様に換価することが考えられますが、ポイントについては金銭への換価がそもそも認められないことも多く、金銭としての払戻しまでは認められないものが大半のように考えられます（なお、ポイントを承継した後に他のポイントサービスへのポイント移行や換金性のある商品への引き換えをすることは、当該ポイントサービスの利用の範疇として問題なく認められます）。

〔**図表2**〕　**デジタル遺産の相続と普通の遺産の相続との違い**

		デジタル遺産の相続	普通の遺産の相続
遺産として想定される主なもの		暗号資産、前払式支払手段・資金移動業等のペイメントサービス等	不動産・預金・株式等
遺言がある場合		相続可否は利用規約等による	遺言相続
遺言がない場合	相続人不存在	遺産の精算手続（精算対象か否かは利用規約等による）	遺産の精算手続
	相続人が1人	単独相続（相続可否は利用規約等による）	単独相続
	相続人が2人以上	共同相続（遺産分割協議等、相続可否は利用規約等による）	共同相続（遺産分割協議等）

出所：筆者作成

Q 6 デジタル遺産の範囲について教えてください。

A 遺産については、相続発生時点で被相続人が有しているすべての財産がその範囲に含まれるものですが、デジタル遺産がその対象になるかという相続対象性は明らかではありません。デジタル遺産については、その種別・類型だけで判断されるのではなく、利用規約の内容により、そのデジタル遺産の法的性質が変容し、結果として相続財産となるか否かの判断が分かれることも考えられます。

解説

相続対象性、遺産の範囲の画定

　遺産については、相続発生時点で被相続人が有しているすべての財産がその範囲に含まれるものですが、デジタル遺産がその対象になるかという相続対象性は明らかではありません。これは、サービス提供者の用意する利用規約の問題ではなく、相続そのものの問題といえるでしょう。

　例えば、暗号資産については資金決済法上財産的価値があるものと定義されており（資金決済法2条5項）、相続税の対象となることなどから、暗号資産自体が相続対象になるものと考えられます。取引所における利用規約等は存在するものの、取引所ではあくまで暗号資産の管理をするにとどまるものであるため、相続対象については取引所の口座・アカウントではなく、そこで管理される暗号資産そのものと考えられます。

　また、資金移動業の対象となるペイメントサービスについては払戻しの対象となり得ることから、その内容によって債権やこれに準じるものとして、相続対象になることも考えられます。チャージ式電子マネー等の前払式支払手段について、相続発生を「保有者のやむを得ない事情により前払式支払手段の利用が著しく困難となった場合」（前払式支払手段に関する内閣府令42条）に該当するとして払戻しを行う場合も同様に考えられます。

ポイントについては商品・サービスを購入した際の「おまけ」としての性質を有するものであって、一身専属性から相続対象性が否定されるものも相応にあると考えられます。一方で、利用規約において相続発生による承継を認めているポイントサービスについては承継が認められることから相続財産となることも考えられます。

　なお、それぞれのデジタル遺産については、その種別・類型だけで判断されるのではなく、利用規約の内容により、相続に関する承継者等の判断が分かれることも考えられます。

遺言がない場合、デジタル遺産について複数
の相続人で承継すると、手続きはどのように
なるのでしょうか?

A デジタル遺産の複数人での共同相続については、民法の遺産分割の
規定が適用等されるかという相続対象性の問題のほか、「可分債権
については原則として当然に相続人に承継されるため遺産分割の対
象とならない、ただし預貯金債権については遺産分割の対象とな
る」とした判例に関する問題もあるため、個別の財産ごとの整理が
必要になります。

解説

1──共同相続一般について

(1) 遺産分割協議

遺言がない場合の遺産分割については、可分債権のように相続発生と同時
に当然分割されて法定相続人に承継される(最判昭和29年4月8日民集8巻4号
819頁等)一部の遺産等を除き、相続発生と同時に相続財産を法定相続人が
共有ないし準共有している状態となり(民法896条、898条)、遺産分割協議、
遺産分割調停または遺産分割審判によって相続財産の承継内容が確定するこ
とになります。

遺産分割協議については、被相続人が遺言で禁じた場合を除き、相続発生
後であればいつでも、その協議で、遺産の分割をすることができるものとさ
れています(民法907条1項)。

(2) 遺産分割協議の当事者

遺産分割協議の当事者は、遺産分割の時点において遺産に対する持分権を

有する者で、具体的には、数次相続人を含む相続人（詳細はQ8に記載）のほか、相続分の譲受人、包括受遺者が遺産分割協議の当事者となり、さらに、家庭裁判所の許可を得た不在者財産管理人や未成年者の児童が入所する児童福祉施設の長も協議に加わることができます。

　なお、胎児は出生前に遺産分割協議に加わることができないため、胎児が存する場合（金融機関としてはその事情を承知している場合）には出生を待って利益相反のない親権者または特別代理人による協議を行うこととなります。

（3）　遺産分割協議の方式・内容

　遺産分割協議の方式に特段の制約はなく、例えば持ち回りの方法で協議することも可能です。

　遺産分割協議の内容に関しても特段の制約はなく、法定相続分・指定相続分に従う内容でなくとも有効です。よって、例えば特定の相続人が財産を全く承継せず、実質的に相続を放棄したのと同様の結果が生じるような内容であっても特段の問題はありません。

　遺産分割協議の内容で問題となるのは、当事者間で作成した遺産分割協議書の趣旨が明確でない場合です。例えば、「預金はAが承継する」とする遺産分割協議書があり、遺産に預金のみならず資金決済法に基づく資金移動業としてのペイメントサービスの残高がある場合（かかる記載がない場合）には、これが遺産分割の対象になるのかという問題以外にも、ペイメントサービスの提供事業者が、その残高をAが承継したものとして手続きに応じられるかという問題が生じます。

　遺産分割協議を契約と捉えると、書面がある場合にはその文言を基礎としつつ、当事者が契約によって達成しようとしていた目的を考慮し、これに適合するように契約を解釈しなければなりません。使用された文言のみにこだることなく、矛盾するような条項を含むときであっても矛盾のないように解釈すべきで、なるべく内容が有効、可能になるように解釈すべきこととなります。

2──デジタル遺産の場合の手続き

　共同相続の場合にそれぞれのデジタル遺産が遺産分割の対象となるかという問題があります。これは、遺産分割の規定が適用等されるかという相続対象性にかかる問題もありますが、仮に適用等される場合であっても、「可分債権については原則として当然に相続人に承継されるため遺産分割の対象とならない、ただし預貯金債権については遺産分割の対象となる」という判例法理との関係の問題もあります。

3──デジタル遺産の種類ごとの基本的な考え方

　デジタル遺産のうち、暗号資産、払戻しの対象となる前払式支払手段や資金移動業にかかるサービス、ポイントについて（さらにはそれぞれに該当するサービスごとに）、遺産分割の対象となるかの判断は変わり得るものと考えられます。一般的には、暗号資産やポイントはそもそも可分債権ではないと判断されるように思われます。

　払戻しの対象となる前払式支払手段や資金移動業にかかるサービスについては、預貯金債権を遺産分割の対象と判断した判例（最大決平成28年12月19日民集70巻8号2121頁、最判平成29年4月6日集民255号129頁）の趣旨が及ぶかという問題となります。すなわち、預貯金を現金と比較的近いものとして、「一般的な預貯金については、預金保険等によって一定額の元本およびこれに対応する利息の支払が担保されている上（預金保険法第3章第3節等）、その払戻手続は簡易であって、金融機関が預金者に対して預貯金口座の取引経過を開示すべき義務を負うこと（前掲最一小判平21.1.22参照）などから預貯金債権の存否及びその額が争われる事態は多くなく、預貯金債権を細分化してもこれによりその価値が低下することはないと考えられる。このようなことから、預貯金は、預金者においても、確実かつ簡易に換価することができるという点で現金との差をそれほど意識させない財産であると受け止められている」とした点をはじめとして、預貯金の性質との類似性や該当サービスの性質から判断されることになります。

私見としては、昨今の国民生活においてチャージ式電子マネーやペイメントサービスは預貯金と同じかそれ以上に現金と近い決済手段となっていること等に鑑みれば、遺産分割の対象とするのが自然ではないかと考えます。

4——遺産の精算手続

　遺産の精算手続との関係では、換価が困難なデジタル遺産について問題となります。具体的には、ポイントサービス等で相続発生時に承継対象となるものの金銭への換価ができない場合に、その財産的価値をどのように捉えるかという問題です。サービス提供者が換価可能な物やサービスへの引き換えに任意で応じる場合であればそのようにするものと考えられますが、任意で応じない場合に強制的に換価できるかというと、比較的難しいものと考えられます。

　共同相続の場合で利用規約上相続人全員が手続きをすることになっている場合に、相続人全員の合意がない限り一切承継を認めないという取扱いが許容されるのか、という問題もあります。この点、相続財産となるのであれば、最終的には遺産分割の審判によって承継するのが妥当であると考えられます。逆に相続財産とならないのであれば、サービス提供者が手続きに応じるかどうかは任意であるため、あくまで一身専属的なものであって相続人全員による手続きがない限り、手続きに応じないという取扱いも許容される余地はあるように思われます。

5——相続財産に含まれないデジタル遺産

　では、相続財産にあたらないデジタル遺産についてはどうなるのでしょうか。相続財産にあたらない以上、法定相続人が相続することはありません。法定相続人が各サービスの利用規約に従って、アカウントの消去等の手続きをしない限り半永久的にインターネット上に存在し続けることになります。

　なお、2019年11月、Twitterは、6ヵ月以上更新されていないアカウント、いわゆる休眠アカウントについて削除することを発表しました。ところが、

亡くなった人のアカウントが削除されてしまうことに対する苦情・批判が相次いだため、翌日には休眠アカウントの削除を一時中断することを発表しました。当該発表によると、故人のアカウントについて追悼機能を設けるまで、休眠アカウントは削除しないとのことです。

　後述するQ23のとおり、Twitterの利用規約上「利用者が亡くなられた場合、Twitterは、権限のある遺産管理人または故人の家族とともにアカウントを削除するようにします」「アカウントのログイン情報は、故人との関係によらず公開できません」とされ、相続が認められないことを前提とした規定となっていますが、実際には故人のアカウントが存続することを事実上許容している状況となっています。

　このように運営会社がアカウントを一方的に削除することはなく、インターネット上に残り続けるというのが実態かと思われます。

Q8 デジタル遺産の相続人の範囲や相続分について教えてください。

A 相続人の範囲については、相続対象となるのであれば一般的な民法の規定に基づくことが考えられます。一方で、承継割合については、通常の遺産である保険や信託、遺族年金・一時金などであっても、その性質に応じて異なる解釈がとられることもあることから、遺産の性質に応じた検討が必要となります。

解説

1—相続人の範囲、相続分一般について

（1） 相続人の範囲—配偶者、子・直系尊属・兄弟姉妹

相続人については、常に相続人となる配偶者と、上位の順位者がいない場合に相続人となる子（第1順位）、直系尊属（第2順位）、兄弟姉妹（第3順位）とがいます。

子・直系尊属・兄弟姉妹については、代襲等の関係で誰が相続人になり得るのかが変わり得るものです。

ア　子

子は、性別、戸籍の異同、実子・養子の別、出生時に両親が婚姻関係にあるかないかの別、国籍の別・有無を問わず相続人になります。ただし、特別養子については、その縁組によって養子と実方の父母およびその血族との親族関係が終了する（民法817条の9）ため、特別養子縁組がなされた被相続人の実子については、相続人の範囲に含まれないことになります。

イ　直系尊属

直系尊属とは父・母や祖父・祖母などを指し、子がいない場合に相続人となります。

実親・養親を問わず相続人となり（特別養子縁組の場合の実親を除く）、親等の異なる者の間では、その近い者のみが相続人になります（民法889条1項1号但書）。よって、例えば被相続人の死亡前に養親が死亡しており、養親の親（被相続人からみて祖父・祖母）が存命であっても、実親が存命であれば、相続人になるのは実親のみで、養親の親は相続人になりません（この点で親等が異なる相続人が存在し得る代襲相続と異なります）。

祖父・祖母は直系尊属として固有の立場で相続人になるものであるため、代襲相続と異なり、両親が相続放棄を行った場合は祖父・祖母が相続人となります。

ウ　兄弟姉妹

兄弟姉妹は子や直系尊属がいない場合に相続人となります。父母の双方が同じである（全血）兄弟姉妹であっても一方のみが同じである（半血）兄弟姉妹であっても相続人となり（相続分は異なります）、実父母が同じでも養父母が同じでも（特別養子縁組を除き）差はありません。

（2）　代襲相続

代襲相続とは、推定相続人である被代襲者が死亡や欠格・廃除（一定事由の発生や被相続人の意思により相続人ではなくなるもの）により推定相続人の地位を失った場合に、その者の子が代襲者として相続することをいいます。ここで、相続放棄の場合には代襲相続の対象とならないので、子が全員相続放棄をした場合には、孫が代襲相続人になることはなく、次順位以降の直系尊属・兄弟姉妹が相続人となります。

代襲相続については相続人が子・兄弟姉妹である場合に発生し、直系尊属の場合には発生しません。兄弟姉妹については1回のみの代襲となります（代襲者となるのは甥・姪までです）が、子については再代襲・再々代襲が認められる（民法887条3項）ため、直系卑属である限り曾孫・玄孫と代襲者となり得ます。

（3）　相続関係の重複

親族間での養子縁組がなされているケースなどにおいては、例えば被相続

人の孫が養子でもあるなど相続資格を複数有することがあり、その場合には複数の相続資格を兼有することになります。親族間で養子縁組が繰り返された結果相続関係が相当複雑になっている場合には、相続資格を有し得る続柄が何通りもあるということもあり得るため、それぞれについて相続資格の有無を確認する必要があります。

（4）　その他

ア　胎児の相続能力

胎児は相続については既に生まれたものとみなされる（民法886条1項）ため、原則として相続人に含まれますが、死産の場合には適用されないため（同条2項）、確定的に相続人となるのは出産時以降になります。

イ　同時死亡の推定

数人の者が死亡して死亡の先後関係が不明である場合、これらの者は同時に死亡したと推定されます（民法32条の2）。

この場合、一方の者の相続手続において他方の者は死亡していたものとして取り扱われるためその他方の者は相続人にはなりません。よって、被相続人の死亡後に相続人が死亡した場合の二次相続も生じませんが、代襲相続の対象にはなるため、例えば被相続人とその子が死亡して死亡の先後関係が不明であり、その子に子（被相続人の孫）がいるときには、被相続人の孫は代襲相続人として、相続手続に関与することになります。

同時死亡の推定については事後的に発覚した事情により推定が覆されることもあり得ますが、金融機関としては特段の事情がない限り、通常手続と同様に（死亡診断書等の資料に基づき記載された）戸籍の記載から判断すれば足りると考えられます。

（5）　相続分

相続分とは、共同相続に際して各共同相続人が被相続人の権利義務を承継する割合のことをいいます（民法899条）。被相続人は、遺言で相続分を定め、または相続分を定めることを第三者に委託することができ（民法902条1

項)、この場合の相続分を指定相続分といいます。一方、遺言において相続分の指定がない場合には民法の規定に従って相続分が決まり、この場合の相続分を法定相続分といいます。

　ア　法定相続分の基本

　法定相続分については、配偶者がいるか否か、①子・②親などの直系尊属・③兄弟姉妹のいずれが相続人となるかにより異なります。配偶者が常に相続人となること、①子（第1順位）、②直系尊属（第2順位）、③兄弟姉妹（第3順位）については上位の順位者がいない場合に相続人となりますので、配偶者がいない場合や子・直系尊属・兄弟姉妹のいずれもがいない場合を除く組み合わせとしては、配偶者と子、配偶者と直系尊属、配偶者と兄弟姉妹という組み合わせが考えられます。

　それぞれの組み合わせごとの法定相続分の割合は〔図表3〕のとおりで、子・直系尊属・兄弟姉妹が複数人いる場合には、原則としてその人数で均等に割ることになります。例えば、被相続人に配偶者がおり、子がおらず親が2名いる場合であれば、法定相続分は配偶者が3分の2、直系尊属が6分の1（＝法定相続分1/3×人数均等割1/2）ずつとなります。

〔図表3〕法定相続人の組み合わせごとの法定相続分

法定相続人	法定相続分
配偶者：子	1/2：1/2
配偶者：直系尊属	2/3：1/3
配偶者：兄弟姉妹	3/4：1/4

出所：筆者作成

　イ　兄弟姉妹の法定相続分

　法定相続分については、同じ立場の者であれば均等割りとなるのが原則ですが、兄弟姉妹については一部例外があります。具体的には、兄弟姉妹のうち父母の一方のみを同じくする兄弟姉妹（半血兄弟姉妹）の相続分は、父母の双方を同じくする兄弟姉妹（全血兄弟姉妹）の相続分の2分の1となります（民法900条4号但書）。ここで、父母の双方・一方ということについて、実父

母・養父母による差異はありません。

　ウ　指定相続分とは

　被相続人は、遺言で、（共同）相続人の相続分を定め、またはこれを定めることを第三者に委託することができます（民法902条1項）。

　ここで、相続分の指定については必ずしも相続財産全体に対する割合で示されなければならないものではなく、特定の財産を誰に承継させるかを指定しても、それが相続財産全体に対する相続すべき割合を指示しているのであればよいものになります。

　相続人の一部のみの相続分を遺言等で定めた場合、他の相続人の相続分は法定相続分どおりとなります（902条2項）。

2──デジタル遺産についての相続人の範囲、相続分

　相続人の範囲に関しては、法定相続人による限定承認や相続放棄があった場合の効果がデジタル遺品の相続に及ぶのか、遺贈放棄や、欠格・廃除の効果がデジタル遺品の相続にも及ぶのかという問題があります。この点については、デジタル遺産の内容にもよりますが、相続財産となるのであれば、民法上の相続と同様に解釈するのが適当ではないかと考えられます。

　共同相続の場合の相続分については、承継は相続分に応じるのか相続人で均等に承継するのか、相続分に応じる場合は法定相続分か具体的相続分かといった問題があります。この点、一見すると一般的な遺産における具体的相続分に応じるのが自然なようにも見えるのですが、（相続財産ではないものの）保険や信託、遺族年金・一時金などにおいてはその性質に応じて承継割合について異なる解釈がとられることもあることから、必ずしも一般的な遺産と同様に扱うべきとは限りません。被相続人・相続人といった当事者やその代理人、遺言執行者や金融機関としては、見通しが立たないことを前提として、相続対策等の対応をする必要があります。

第 2 章　サービスごとの相続手続

Q9 私が死亡すると、ネット銀行に預けてある預金は相続の対象になりますか?

A ネット銀行に預けてある預金は、店舗が存在する一般的な銀行に預けてある預金と同様、相続の対象になります。したがって、相続財産である預金債権を承継した相続人は、一般的な銀行における預金の場合と同様、被相続人が預けていた銀行に照会をして必要書類を取り寄せるなどしたうえで、それらを銀行に提出して預金の払戻しなどを行うことになります。

解説

1——ネット銀行とは

ネット銀行とは法律に定義が置かれているわけではありませんが、一般的には、ジャパンネット銀行や楽天銀行などのように、店舗を持たずにインターネット上での取引を中心としてサービスを提供する銀行のことをいいます。

2——「ネット銀行の預金」の相続対象性

被相続人が生前ネット銀行の口座に預金を有していた場合、被相続人はネット銀行に対する預金債権を有していたことになります。このようなネット銀行に対する預金債権は、店舗を有する一般的な銀行における預金債権と同様、相続の対象になります。

3——「ネット銀行の預金」の相続手続

ネット銀行における預金債権については、一般的な銀行における預金債権

の場合と同様、預金していた銀行に問い合わせて銀行所定の必要書類（遺言書、戸籍謄本、印鑑登録証明書など）を用意したうえで、書類一式を銀行に提出して払戻しなどを受けることが一般的です。預金債権は相続開始と同時に相続分に応じて分割されるわけではなく、遺産分割の対象となるため、必要に応じて遺産分割の手続きが必要となります。

　なお、ネット銀行においては一般的な銀行と異なり通帳が存在しませんので、相続にあたっては、ネット銀行に存在する預金を見落とさないように注意する必要があります。

Q 10 私が死亡すると、ネット証券に預けてある株式は相続の対象になりますか?

A ネット証券に預けてある株式は、従来からの一般的な証券会社と同様、相続の対象となります。したがって、従来からの証券会社に存在する株式と同様、証券会社に照会して必要書類を問い合わせたうえで、それらを用意して証券会社に提出することになるのが一般的です。

解説

1──ネット証券とは

ネット証券とは法律に定義が置かれているわけではありませんが、一般的には、SBI証券や楽天証券などのように、インターネットを通じて株式の売買注文などの証券取引サービスを提供する証券会社のことをいいます。

2──「ネット証券に預けてある株式」の相続対象性

被相続人が生前ネット証券の口座に株式を保有していた場合、株式を預けている口座がネット証券の口座であっても、それ以外の証券会社の口座であってもその株式が相続の対象になることには変わりません。

3──「ネット証券に預けてある株式」の具体的な相続手続

ネット証券に預けてある株式については、ネット証券以外の証券会社に預けてある株式と同様、株式を預けていた証券会社に問い合わせて証券会社所定の必要書類(遺言書、戸籍謄本、印鑑登録証明書など)を用意したうえで、書類一式を証券会社に提出して、株式を承継する相続人の口座へ被相続人が有していた株式を移管するのが一般的です。

例えば、SBI証券では相続手続に際し、遺産分割協議書があるケースにおいて、以下のような書類を提出することを求めています[★1]。

①被相続人（亡くなられた方）が亡くなられたことが確認できる戸籍謄本（発行後6ヵ月以内の原本）

②相続人の印鑑証明書（発行後6ヵ月以内の原本）

③遺産分割協議書（相続人の間で相続財産の分割協議をされる場合に作成される書類）

④SBI証券所定の相続手続書類

　なお、株式を相続するにあたり、承継する相続人が証券口座を持っていない場合には、株式を移管するために口座を開設する必要があります。

　また、ネット証券における株式については、ネット銀行の場合と同様、ネット証券の口座に存在する株式を見落とさないように注意する必要があります。ネット証券の口座の有無が不明の場合には、証券保管振替機構に対して被相続人の口座開設先を確認することができます[★2]。

★1——SBI証券「相続のお手続きに必要な書類」：https://go.sbisec.co.jp/prd/common/inheritance/documents.html

★2——証券保管振替機構「ご本人又は亡くなった方の株式等に係る口座の開設先を確認したい場合」：https://www.jasdec.co.jp/system/less/certificate/kaiji/chokusetu/index.html

Q 11 私が死亡すると、FXの取引はどのように扱われますか？

A FX取引を行っていた場合には、相続手続の際に未決済のFXポジションが決済されて、口座に残った残額を相続人が承継するのが通例です。なお、口座がマイナスの場合には、追加証拠金を請求される可能性がありますので、FX取引の有無については速やかに調査する必要があります。

解説

1——FX取引とは

FX取引とは、外国為替証拠金取引のことをいい、外貨に投資する商品のことをいいます。証拠金として預けた取引の何倍もの取引が可能ですが、為替相場が大きく変動した場合には、負債を負うリスクもあります。

2——「FX取引」の相続対象性

FX口座の証拠金（預り金）は財産的価値があるため相続の対象となります。相続人の承継にあたっては、相続手続の際に未決済のFXポジションの決済がなされて、口座に残った残額を相続人が承継するのが通例です[3]。

なお、未決済のFXポジションが決済された結果、マイナスとなる場合には追加証拠金の支払い義務を相続人が承継するものと思われ、負債を負担することになります。為替変動によっては大きな負債を負う可能性もないわけではありませんので、被相続人がFX取引をしていたような場合には、速やかに連絡したうえで相続手続を進めることが望ましいです。

★3——みんなのFX「解約」: https://min-fx.jp/support/faq/cancellation/

3——「FX取引」の相続手続

　FX取引については、証券会社に問い合わせたうえで、必要書類一式を証券会社に提出して、口座の残高を相続人の口座へ移管するのが一般的です。

　例えば、GMOクリック証券では相続手続に際し、被相続人口座に残高があるケースにおいて、以下のような書類を提出することを求めています[4]。

①口座閉鎖依頼書（相続用）

②残高証明書発行依頼書（相続用）

③相続に係る委任状兼依頼書

④相続代表者の口座開設申込書

⑤被相続人の戸籍謄本

⑥相続人全員の戸籍謄本

⑦印鑑登録証明書

★4——GMOクリック証券「相続手続き」: https://www.click-sec.com/corp/support/souzoku.html

Q 12 私が死亡すると、暗号資産 (仮想通貨) はどのように扱われますか?

A 暗号資産 (仮想通貨) は、暗号資産それ自体ないし取引所に対する債権が相続財産として相続の対象になるものと考えられます。例えば、国内事業者が運営している取引所に暗号資産を預けている場合には、その取引所が定めた手続きに従って必要書類などを用意して相続手続を行うことが一般的です。

解説

1—暗号資産とは

　暗号資産とは、ビットコイン、イーサリアム、リップルなどのように、仮想通貨などと呼ばれて財産的価値を有するもののことをいいます。

　法律上は、資金決済法が以下の①または②のいずれかに該当するものを「暗号資産」と定義しています (資金決済法2条5項)。①と②のいずれの定義も暗号資産に「財産的価値」があることが前提となっています。

①物品を購入し、若しくは借り受け、又は役務の提供を受ける場合に、これらの代価の弁済のために不特定の者に対して使用することができ、かつ、不特定の者を相手方として購入及び売却を行うことができる財産的価値 (電子機器その他の物に電子的方法により記録されているものに限り、本邦通貨及び外国通貨並びに通貨建資産を除く。次号において同じ) であって、電子情報処理組織を用いて移転することができるもの (1号暗号資産)

②不特定の者を相手方として前号に掲げるものと相互に交換を行うことができる財産的価値であって、電子情報処理組織を用いて移転することができるもの (2号暗号資産)

2——「暗号資産」の相続対象性

　暗号資産は、それ自体が民法上の「物」（民法85条）に該当せず、所有権の対象にはならないものと解され、私法上の法的性質については様々な見解がありますが、前述したとおり、暗号資産は資金決済法に定義が置かれ「財産的価値」があることが前提となっています。

　また、暗号資産は税務実務においても「相続税法では、個人が、金銭に見積もることができる経済的価値のある財産を相続若しくは遺贈又は贈与により取得した場合には、相続税又は贈与税の課税対象となることとされて」おり「仮想通貨については、決済法上、『代価の弁済のために不特定の者に対して使用することができる財産的価値』と規定されていることから、被相続人等から仮想通貨を相続若しくは遺贈又は贈与により取得した場合には、相続税又は贈与税が課税される」ものとして相続税の課税対象と考えられています[5]。

　したがって、暗号資産が取引所に預けてあるかどうかにかかわらず、ビットコインやイーサリアムなどの暗号資産それ自体ないし暗号資産の取引所に対する債権は、相続の対象になると考えられます。

　なお、2019年3月当時の国税局次長は、参議院の財政金融委員会における暗号資産に関するパスワードの把握の有無によって相続税の課税対象性に影響があるかどうかという質問に対し、主観の問題について課税当局が真偽を判定することは困難であることを理由として「パスワードとの関係でございますが、一般論として申し上げますと、相続人が被相続人の設定したパスワードを知らない場合であっても相続人は被相続人の保有していた仮想通貨を承継することになりますので、その仮想通貨は相続税の課税対象となるという解釈でございます」として、パスワードを把握していない場合であっても相続税の課税対象になり得る発言をしているため、相続人は注意が必要です。

★5——国税庁「仮想通貨に関する税務上の取扱いについてFAQ」・38頁、令和元年12月20日

3——「暗号資産」の具体的な相続手続

　一般的に暗号資産はウォレット（財布）と呼ばれるもので管理されています。ウォレットには、オンラインウォレット（オンラインのクラウド上で提供されるウォレット）、モバイルウォレット（スマートフォンなどの携帯電話端末用のウォレット）、デスクトップウォレット（パソコンなどにインストールされたウォレット）、ペーパーウォレット（紙に印刷されたウォレット）など様々な種類があります。ハードウェアウォレットやペーパーウォレットなどは被相続人が暗号資産の保有を他者に伝えずに亡くなった場合には相続人は存在自体を把握することが難しいものと考えられます。

　取引所に預けずに相続人自身が管理していた暗号資産については、ウォレットの種別、ID、パスワードなどを調査して対象となる暗号資産の管理を相続人が承継することになります。

　他方、暗号資産の取引所に被相続人がアカウントを保有していたケースについて、サービス提供者である取引所（暗号資産交換業者）の規約を踏まえた具体的な相続手続としては以下のようなものが想定されます。

（1）　調査

　被相続人が作成した遺言書やメモなどに被相続人が保有していた暗号資産に関する記述があれば暗号資産の種類・数量、暗号資産を預けている取引所を把握することが可能ですが、現時点では遺言書に暗号資産に関する記載を設ける例が多いとはいえません。暗号資産に関する資料がない場合には、まずは被相続人が生前使用していたパソコンやスマートフォンの内部データを確認して暗号資産の取引を行っていた形跡がないかを調査することになります。

（2）　取引所（暗号資産交換業者）の規約の確認・問い合わせ

　暗号資産の取引所ごとに必要な手続きが異なります。そこで、調査によって判明した取引所の規約などを確認したうえで、必要に応じてサービス提供者に問い合わせを行います。

例えば、Coincheckやbit Flyerでは、規約上は利用者が死亡した場合、サービス提供者においてアカウントの取消しを行える旨の定めがあり[6]、アカウント自体の相続は認めていないようにも思われます。しかしながら、いずれのサービスも口座開設者が亡くなった際には、銀行口座への出金などの払戻しを認めており、具体的な手続きを自らのウェブサイトでも公開しています。他の取引所においてもアカウント開設者が亡くなった際の相続手続きを公開している会社が見受けられることから、国内の取引所では一定の相続手続を設けているところが多いものと思われます。

　取引所において具体的な相続手続が定められている場合、その手続きに従って必要書類などを揃えたうえで、相続手続を進めることになります。

（3）　書類の郵送など

　取引所に問い合わせなどを行い、相続手続や必要書類を確認した後は、必要書類などを揃えたうえで、相続対象となる暗号資産を預けていた取引所に郵送することが多いです。

　例えば、Coincheckでは以下のような流れで相続手続が進むようです[7]。
①お問い合わせフォームを通じてCoincheckへ連絡する。
②相続人から「被相続人の死亡を確認できる書類」と「相続人との関係が確認できる書類」を郵送する。
③Coincheckから代表相続人へ残高証明書と相続届が届く。
④相続人からCoincheckへ相続届、相続人全員の印鑑証明書、相続人の出生から死亡までの連続した戸籍謄本などの必要書類を郵送する。
⑤代表相続人の口座へ出金され、口座は解約される。

　取引所の口座に暗号資産を預けている場合には、各取引所所定の手続に従って進めることにより暗号資産についての相続手続は完了することが多いと思われます。

---

[6]──Coincheck利用規約1/条1項10号
[7]──Coincheck「相続手続きについて教えてください」：
　　　https://faq.coincheck.com/s/article/60300?language=ja

Q 13 私が死亡すると、NTTの固定電話サービスや NTTドコモの携帯電話サービスなどは相続 の対象になりますか?

A 一般的には、相続人は、被相続人の死亡により、その被相続人が固定電話や携帯電話に関する電話サービスを提供する事業者との間で締結していた契約上の地位を承継するものと考えられます。相続人においては、各事業者所定の必要書類などを用意したうえで、被相続人が契約していた事業者に対して、契約の「承継」や「解約」の手続きを行うことになります。

解説

1——固定電話サービスと携帯電話サービス

固定電話とは、一般的にはNTT東日本、NTT西日本による有線の電話線を利用した電話のことをいいます。

携帯電話とは、スマートフォンなどの移動体端末を利用した電話のことをいいます。

これらの電話を利用するためのサービスは、固定電話サービス、携帯電話サービスと呼ばれ、電気通信事業法上はいずれも電気通信役務に該当します。

携帯電話サービスには、NTTドコモのように自ら通信回線を運用している事業者が提供するサービスのほか、これらの会社から通信回線を借り受けたMVNOが提供する携帯電話サービスも含まれます。

2——「固定電話サービス」と「携帯電話サービス」の 相続対象性

NTT東西が提供する固定電話サービスやNTTドコモ、KDDI、ソフトバ

ンクなどが提供する携帯電話サービスは、利用者とサービス提供者との間の契約である約款などにおいて相続を否定していない限り、その契約上の地位は財産的価値を有するものとして相続の対象となり、相続人は被相続人が有していた契約上の地位を相続するものと考えられます。

　実際、固定電話サービスや携帯電話サービスを提供している大手の事業者においては、約款の記載上、相続人による承継を肯定しているところが多いようです[8,9]。

　もっとも、携帯電話サービスなどは毎月固定の利用料金の支払いが必要となるため、契約上の地位の承継を望まない相続人も少なくありません。そのような場合には、相続人は、利用料金支払債務の無用な負担を避けるために、速やかに解約手続を行うことが望ましいです。

　なお、相続の対象となり得る電話サービスにおける契約上の地位は、動産である携帯電話自体の相続とは異なりますので注意が必要です。

3——「固定電話サービス」と「携帯電話サービス」の具体的な相続手続

　固定電話サービスや携帯電話サービスの相続手続は、戸籍謄本や本人確認書類などの必要書類を用意したうえで、各社所定の書式やフォームを利用して承継または解約の手続きを行うことが多いようです。

　例えば、NTTドコモでは、以下のような必要書類などを用意したうえで、ドコモショップで承継の手続きを行うことができるようです[10]。

①相続関係がわかる書類（例：戸籍謄本など）
②承継後、新たなご契約者となる方の本人確認書類（例：運転免許証など）
③利用者の本人確認書類（契約者と利用者が異なる場合）
④毎月のお支払いの手続きに必要なもの（例：クレジットカード、キャッシュカードなど）

★8——NTT東日本「電話サービス契約約款」・別記2・加入電話契約者の地位の承継
★9——NTTドコモ「5Gサービス契約約款」・15条6項
★10——NTTドコモ「ご契約者の死亡による承継」：https://www.nttdocomo.co.jp/support/mortality/succession/

Q 14 私が死亡すると、BIGLOBEなどのインターネット接続サービスを提供する通信プロバイダとの契約は相続の対象になりますか?

A 被相続人が契約していたインターネット接続サービスは、契約当事者であった被相続人が死亡した場合、プロバイダとの間の規約において相続が肯定されているときには、一般的には相続人がその契約上の地位を承継するものと考えられます。

解説

1──インターネット接続サービスとは

インターネット接続サービスとは、インターネットサービスプロバイダ（ISP）がサービス利用者であるユーザーに対して、ウェブサイトなどにアクセスするためのインターネット接続サービスを提供するもののことをいいます。

インターネット接続サービスは、法律上は電気通信事業法が定める電気通信役務にあたります。

2──「インターネット接続サービス」の相続対象性

被相続人がISPとの間でインターネット接続サービスに関する契約を締結していた場合、相続人がこの契約上の地位を承継するかどうかが問題となります。この点については、相続人は相続によって被相続人の地位を包括的に承継することになりますので、ISPとの間の契約上、契約上の地位の承継が否定されていなければ一般的には相続人は被相続人が有していたISPとの間の契約上の地位を承継するものと考えられます。

実際の相続の場面においては被相続人が契約していたISPの規約内容の確認やISPへの問い合わせを行うことにはなりますが、大手のISPにおいて

は、規約などにおいて相続人への契約上の地位の承継を肯定していることが少なくありません[11,12]。

なお、未払の料金債務が存在する場合には、その債務についても承継することになりますので注意が必要です。

3——「インターネット接続サービス」の具体的な相続手続

インターネット接続サービスの承継にあたっては、被相続人が契約していたISPに問い合わせをして契約の有無や承継の可否を確認する必要があります。

契約上の地位の承継が可能な場合であり、それを希望するときには一般的には必要書類を用意したうえで、各社所定の方法で承継の申請を行うことになります。

例えば、BIGLOBEにおいては、家族がそのまま利用を継続するか(承継)、それとも退会するかの選択肢が存在し、承継を希望する場合には、一般的には配偶者、二親等以内の法定相続人(子、父母、祖父母、孫、兄弟姉妹)への承継を許容しているようです。具体的な承継については以下のような流れで手続きを行うことになります[13]。

①電話をして申込書類を請求する

②必要な書類を用意する

③必要事項を記入する

④各書類を郵送する

★11——BIGLOBE「契約者が亡くなった場合の手続き」: https://support.biglobe.ne.jp/jimu/keiyaku/shoukei.html
★12——So-net「So-netの登録名義を変更したい」: https://support.so-net.ne.jp/supportsitedetailpage?id=0000112/1
★13——BIGLOBE「契約者が亡くなった場合の手続き」: https://support.biglobe.ne.jp/jimu/keiyaku/shoukei.html

Q 15 私が死亡すると、ゲームアプリの通貨やアカウントは相続の対象になりますか?

A 一般的には、ゲームアプリ内の通貨は、利用規約において換金や譲渡が禁止されており財産的価値を評価することが困難であるため相続の対象にはならないものと考えられます。また、相続人は被相続人が有していた契約上の地位を承継しますので、ゲームアプリのアカウントの承継の可否については、そのゲームアプリの利用規約の定めに従うことになるものと思われますが、一般的には相続による承継を肯定しているものは多くはないものと思われます。

解説

1——ゲームアプリとは

ゲームアプリとは、一般的にはゲームに分類されるアプリケーションのことをいい、スマートフォン向けのアプリが大勢を占めています。

ゲームアプリを利用するためには何らかのアカウントを作成する必要があることが多く、アプリによってはそのアプリ内でのみ利用可能なゲーム内通貨を利用するものもあります。

2——「ゲームアプリ」の相続対象性

ゲームアプリ内の通貨などは、一般的にはサービス利用規約などにおいて譲渡や払戻しが禁止されているため財産的価値を有するものと評価することが困難と考えられます。そのため、ゲームアプリが終了してゲーム内通貨の払戻しをサービス提供者が肯定するような例外的な場合を除き、ゲームアプリのアカウントと独立して、ゲームアプリ内の通貨について相続による承継を肯定することは難しいのではないかと考えます。

一方で、ゲームアプリのアカウントについては、相続人は被相続人が有していた契約上の地位などを承継することになりますので、アプリ提供者と被相続人との間で締結された契約であるサービス利用規約の定めにおいて承継が肯定されているかどうかによって承継の可否が決せられるものと考えられます。

3──「ゲームアプリ」の利用規約の概観

　もっとも、ゲームアプリの規約ではアカウント自体の相続を肯定しているものは多くはないものと思われます。そのため、一般的には相続によってアカウント自体を承継することは難しい場合が多いと思われますが、必要に応じて各社の規約の確認や問い合わせなどを行うことが望ましいです。

　例えば、LINE GAMEでは、サービス利用規約において「本サービスのアカウントは、お客様に一身専属的に帰属します。お客様の本サービスにおけるすべての利用権は、第三者に譲渡、貸与その他の処分または相続させることはできません」として、利用規約において相続による承継を否定する定めを置いています[14]。

　また、ポケモンGOのサービス利用規約においてもアカウントの「譲渡」は否定されているようです[15]。

----

[14]──LINE「LINE GAME利用規約」4.7：https://terms2.line.me/LGAPP_term/sp?lang=ja
[15]──NIANTIC「Nianticサービス利用規約」：https://nianticlabs.com/terms/ja/

Q16 私が死亡すると、JAL、ANAなどの航空会社のマイレージ、家電量販店のポイントなどはどのように扱われますか?

A ポイントについてはサービス利用規約の定めによって相続による承継が肯定されるかどうかが変わるものと考えられます。例えば、JALやANAのマイレージは、各社の規約においても相続人への承継を肯定しているため、相続の対象になるものと考えられます。

解説

1——「ポイント」とは

商品の購入、航空会社の利用、クレジットカードでの支払いをした場合などに、次回以降の利用の際に値引きなどに利用できる「ポイント」が「おまけ」として付与されることがあります。

「ポイント」自体は法律に定めがあるものではなく、利用者とポイント付与者との間のサービス利用規約などの合意に基づき発生するものです。

2——「ポイント」の相続対象性

「ポイント」は、利用者とポイント付与者との間の契約により発生するものであり、また相続人は被相続人が有していたその契約上の地位を承継することになりますので、「ポイント」が相続により承継されるかどうかは「ポイント」に関する利用規約の定めによるものと考えられます。

この点、ポイントサービスによっては、利用者との間で締結される規約において会員が死亡した場合には「本会員は保有するポイント並びに商品との交換及び合算に関する一切の資格を喪失するものとします」などといった被相続人死亡後の承継を否定する条項が定められている場合があります★¹⁶。このような条項が利用規約に存在する場合には相続人が「ポイント」を承継

することは難しいものと考えられます。

　他方、JALやANAのマイレージのようにポイントを相続人へ承継することを許容しているサービスも存在します。

　利用規約の定めは各社ごとに異なるため実際は被相続人が有していたポイントの付与事業者に対して問い合わせを行うことが簡便と思われます。

3——「ポイント」の具体的な相続手続

　ポイントには様々なものが存在しますが、ここでは相続による承継が肯定されている、いわゆるマイレージの手続きを見てみます。

　具体的な相続手続については、各社においてウェブサイトなどで公開されています。したがって、その手続きに従って必要書類を揃えたうえで、相続手続を進めることになります。

　なお、規約上、相続手続について期限を設けている場合もありますので相続可能なポイントが存在することが判明した場合には速やかに手続きを行うことをおすすめします（例：ANAマイレージクラブ会員規約21条「会員が死亡した場合、法定相続人は、会員が取得していたマイルを、所要の手続きが完了した時点で有効な範囲で承継することができます。その際、当該法定相続人は、故人である会員のマイルの相続権を有することを証明する書類を弊社に会員の死亡後6カ月以内に提示する必要があります。相続の申し出が前記の期間内になされない場合は、当該会員の積算マイルはすべて取り消されます。」）。

★16——セゾンカード「永久不滅ポイント規約」14条1項2号：https://www.saisoncard.co.jp/point/pdf/aqf_kiyaku.pdf:20200331

Q 17 私が死亡すると、DropboxやEvernoteを利用してクラウド上に保管されているデータはどのように扱われますか?

A クラウドストレージサービスを利用してサービス提供者が管理するサーバー内に保管されているデータについては、各サービスの規約内容に従って承継が可能かどうかを検討することになります。

解説

1 ── クラウドストレージサービスとは

クラウドストレージサービスとは、インターネット上でファイルなどを保存・公開することができるようにするサービスのことをいいます。ファイルなどのデータ自体は、サービス提供者が管理するサーバの中に保管されることになります。DropboxやEvernoteは、サービス提供者が管理するサーバーにデータを保管することになりますので、クラウドストレージサービスの一種になります。

2 ──「クラウド上に保管されたデータ」の相続対象性

クラウドストレージサービスにおいてサービス提供者側のサーバー内に保管されたデータに財産的価値がある場合には理論上は相続財産となる可能性があります。もっとも、一般的には、データ自体に財産的価値があることが多いとはいえませんし、クラウド上に保管されたデータの財産的価値を評価することも難しいものと思われます。

そのため、実務上は、被相続人とクラウドストレージサービス提供事業者との間の契約を構成する利用規約などの解釈によって、被相続人が有していた契約上の地位を承継することが可能かどうかを検討することになるものと思われます。

3——「クラウドストレージサービス」の具体的な相続手続

クラウドストレージサービスの具体的な相続手続については、サービスを提供している会社ごとにその規約の内容などを踏まえて検討することになります。

例えば、Dropboxでは「お客様が故人のパソコンへのアクセス権限をお持ちで、故人のファイルにアクセスする必要がある場合は、パソコンにあるDropbox フォルダをご覧ください」として、相続人による被相続人のファイルへのアクセスを制限していません。そのため、相続人がファイルへのアクセス権限を有している場合には特段の手続きを行うことなくファイルへアクセスしたとしてもサービス提供者との関係では問題がないものと思われます。また、Dropboxでは、相続人がファイルにアクセスできない場合であっても「死亡証明書」および「準拠法により、故人のファイルへのアクセスを許可する法的権利を証明する文書」に必要な情報を加えてDropbox宛てに郵送することによって一定の場合にはファイルへのアクセスを許可する場合があることを公表しています[17]。

また、Evernoteは、そのサービス利用規約において「弊社は法的に義務付けられない限り、ユーザの情報やコンテンツは何人にも（ユーザの近親者にさえも）提供しません」との定めを置いていることから[18]、相続人への承継は想定していないものと思われます。

このようにクラウドストレージサービスにおいては、サービスごとに利用規約の内容が異なりますので、まずは対象となるサービスの利用規約の確認やサービス提供者への問い合わせを行って承継の可否を確認するのが望ましいです。

★17——Dropbox「お亡くなりになったユーザーのDropboxアカウントにアクセスする」: https://help.dropbox.com/ja-jp/accounts-billing/settings-sign-in/access-account-of-someone-who-passed-away
★18——Evernote「サービス利用規約・私が死亡した場合、私のアカウントはどうなりますか？」: https://evernote.com/intl/jp/legal/terms-of-service

Q 18 私が死亡すると、Gmailなどの電子メールの
データはどのように扱われますか?

A スマートフォンなどの端末内に保存されている電子メールのデータ
については一般的には端末の所有権を承継した者に帰属するものと
思われます。メールサービス提供事業者のサーバー内に保管されて
いる電子メールのデータについては、利用規約の内容などにもより
ますが、一般的には被相続人が有していた契約上の地位は一身専属
的なものとして、相続の対象にはならず、電子メールのデータは承
継されないものと考えられます。

1——電子メールサービスとは

電子メールサービスとは、パソコンやスマートフォンを利用するなどして
端末同士でインターネットなどのネットワークを利用して情報のやり取りを
可能にするサービスのことをいいます。やり取りしたメールのデータがス
マートフォンなどの端末内に保存される場合とメールサービスを提供してい
る事業者が管理するサーバー内に保存される場合があります。

2——「電子メールのデータ」の相続対象性

スマートフォンなどの端末内に保存された電子メールのデータは、それ自
体が独立して財産的価値を有するような例外的な場合を除き、そのデータを
管理可能となる事実上の地位はその端末の所有者が有するものと考えられま
す。そして、端末自体は「動産」として所有権の対象となりますので、端末
内のデータはその端末の所有権を承継した者が管理支配することになるもの
と思われます。

他方で、サービス提供事業者が管理するサーバー内に保存されたメールの
データについては、それ自体が財産的価値を有するものと評価することは難

しいものと思われます。したがって、利用者とサービス提供事業者との間の契約を構成する利用規約などに従って、被相続人が有していた契約上の地位につき相続による承継が可能かどうかを検討することになると考えられます。もっとも、メールサービス自体は一般的には被相続人に一身専属的なものと考えられ、死者の通信のやり取りについても通信の秘密として保護されていることに鑑みますと、利用規約などにおいて明示的にアカウントなどの契約上の地位が相続の対象になることや相続人へメールデータへのアクセスを許容しているような例外的な場合を除いては、相続の対象にはならないものと考えられます。

Q 19 私が死亡すると、自分が創作してパソコンに保存してある音楽や写真に関する知的財産権はどのように扱われますか?

A パソコンに保存しているデータとは別に音楽や写真が著作物にあたる場合には、被相続人に著作権と著作者人格権が帰属し、このうち著作権については相続の対象になります。一方で、著作者人格権は、被相続人の一身に専属するものであるため相続の対象にはなりません。

解説

1——音楽や写真に関する知的財産権

知的財産権とは、「特許権、実用新案権、育成者権、意匠権、著作権、商標権その他の知的財産に関して法令により定められた権利又は法律上保護される利益に係る権利」のことをいいます(知的財産基本法2条2項)。

そして、音楽や写真が「著作物」に当たる場合には、著作者は著作権法が定める権利を取得することになります。

具体的には、対象となる音楽や写真が「思想又は感情を創作的に表現したものであって、文芸、学術、美術又は音楽の範囲に属するもの」(著作権法2条1項1号)である場合には、著作物に該当し、その著作物を創作した「著作者」(同法2条1項2号)は、著作者人格権と著作権を有します(同法17条1項)。

著作者人格権と著作権は、音楽や写真がデータ化されているかどうかにかかわらず発生し、それらのデータが保存されている動産であるパソコンの所有権とは別の権利になります。

そのため、パソコンの所有権を相続した者が当然に音楽や写真の著作権を相続するわけではありません。

2——「著作権」の相続対象性

　音楽や写真の著作物に関する著作権は、財産的価値を有するものであり相続の対象になります。

　他方、氏名表示権や同一性保持権のような著作者人格権については、被相続人の一身に専属するものであるため、相続の対象にはなりません。

私が死亡すると、SuicaのようなIC型のチャージ式電子マネーはどのように扱われますか？

A SuicaのようなIC型のチャージ式電子マネーは、一般的には相続の対象になるものと考えられます。規約によって電子マネー自体の相続が否定されている場合であっても、金銭による払い戻しを認めている場合が多いため、対象会社に問い合わせなどを行って承継に必要な手続きを確認することをおすすめします。

解説

1 ── Suicaのような電子マネーの法的性質

SuicaのようなIC型のチャージ式電子マネーは、一般的には資金決済法における「前払式支払手段」に該当します。

2 ──「前払式支払手段」の相続対象性

被相続人は、一般的に前払式支払手段について前払式支払手段発行者との間において、約款などに基づき契約を締結しています。したがって、相続人は、被相続人が有していた前払式支払手段に関する契約上の地位を相続によって承継するものと考えられます。ただ、約款において契約上の地位の承継が否定されている場合には、前払式支払手段の承継を前払式支払手段発行者に対して主張することが困難となる可能性があります。

もっとも、このような場合であっても相続人は、前払式支払手段発行者に対する払戻しを請求する権利を相続によって承継したという主張は行える可能性があります。この場合、原則として払戻しを禁止している資金決済法との関係が問題となりますが（資金決済法20条5項）、被相続人の死亡によって前払式支払手段に関する契約上の地位を承継できないときには「保有者のや

むを得ない事情により当該前払式支払手段の利用が著しく困難となった場合」（前払式支払手段に関する内閣府令42条3号）に該当するものとして、前払式支払手段発行者が払戻しを行うことは資金決済法上も許容されるものと考えられます。

3——「前払式支払手段」の具体的な相続手続

　例えば、モバイルSuicaでは、死亡診断書等の被相続人の死亡を証明する公的機関発行の書類や申請者の本人確認書類（運転免許証等）を用意したうえで、専用の会員専用退会・払戻しフォームから申請することによって、相続人に対する払い戻しを認めているようです[★19]。

　実際には、前払式支払手段の発行者ごとに手続きなどが異なるため、対象会社に問い合わせなどを行い必要な手続きを進めることになります。

★19——モバイルSuica「死亡した会員の退会（払戻し）手続きを知りたい。」: http://mobilesuica.okbiz. okwave.jp/faq/show/1027?site_domain=default

Q 21 私が死亡すると、LINE PayのようなQRコード式で決済する支払手段についてはどのように扱われますか?

A QRコード式で決済する電子マネーは、法律上は資金決済法における前払式支払手段または資金移動業を根拠としてサービスが提供されるのが通例です。前払式支払手段に過ぎないものについては払戻しが許容されない場合もありますが、資金移動業としてサービスが提供されている場合には、払戻しを認めている例が多いため、各社の規約などを確認して承継手続を進めることになるものと思われます。

解説

1——QRコード式で決済する電子マネーとは

LINE PayのようなQRコード式で決済する電子マネーは、換金できない場合には前払式支払手段と位置付けられるのが通例です。他方、換金できる電子マネーは、資金決済法上の資金移動業者としての登録がなされたうえで、資金移動業としてサービスが提供されています。

2——「QRコード式で決済する電子マネー」の相続対象性

前払式支払手段に該当する場合には、前述しましたQ20のとおり、前払式支払手段自体が相続の対象となるか、または払戻しが認められる可能性があるものと考えられます。

一方で、資金移動業としてサービスが提供されている場合には資金移動業自体が換金を許容しておりますので、前払式支払手段と比較してより相続対象性が認められやすいものと考えられます。

実際、資金移動業の登録を行っている事業者においては、QRコード式で

決済する支払手段についてアカウントの相続は否定するものの、電子マネーについて相続人への払戻しなどを認めている例が多いと思われますので、各社に問い合わせるなどして相続手続を進めることになると思われます。

Q 22 私が亡くなると、YouTuberとして投稿した コンテンツや収益金はどうなりますか?

A YouTuberとしてアップロードしていたコンテンツが著作物に該当し、被相続人が死亡時にその権利を有していた場合には、そのコンテンツに関する著作権が相続対象になると考えられます。また、コンテンツに関する広告収入について未払の収益金が存在する場合には、未払収益金を請求する権利も相続の対象になるものと考えられます。

解説

1——YouTubeに投稿したコンテンツや収益金とは

　YouTuberは、YouTubeに動画をアップロードして広告が掲載された場合には、その広告料の一部から収益を得ています。その収益金のうち未払のものがある場合には、未払収益金は財産的価値を有するものとして相続の対象になるものと考えられます。

　また、YouTubeにアップロードされたコンテンツが著作物に該当する場合には、そのコンテンツの著作権はYouTuberに帰属する可能性があるため、その場合、当該コンテンツの著作権も相続の対象となります。

　もっとも、事務所などに所属しておりコンテンツについて著作権を第三者に譲渡する旨の契約を締結している場合には、YouTuber自身に著作権が帰属しない可能性もあり、そのような場合には相続人は著作権を承継することはできませんので注意が必要です。

2——「収益金」の具体的な相続手続

　例えば、Google社においては「死去したユーザーのアカウントに関するリ

クエストを送信する」ことが可能であり、リクエストの項目には「死去した
ユーザーのアカウントから資金を取得するためのリクエストを送信する」と
いうものがありますので、遺言書、死亡診断書などの必要書類とともに、こ
のリクエストを送信することによって相続人が収益金を承継することが可能
になると考えられます。

Q 23 私が死亡すると、Facebook、Twitter、TikTok などのSNS（ソーシャル・ネットワーキング・サービス）のアカウントや会員制のオンラインサービスなどはどのように扱われますか?

A 著名なSNSサービスは、サービス利用規約においてアカウント自体の譲渡や相続による承継を禁止している場合が一般的であり、そのような場合には、そのアカウントは被相続人に一身専属的なものとして相続の対象にはならないものと思われます。また、会員制オンラインサービスについては、サービスごとに財産的価値の有無やサービス利用規約の内容などを踏まえて相続の対象になるかどうかを検討する必要があります。 もっとも、相続による承継が認められない場合であっても、遺族によるアカウントの削除請求などには応じていることが多いようです。

解説

1──「SNS」とは

SNS（ソーシャル・ネットワーキング・サービス）とは、Web上で社会的なネットワークを構築可能にするサービスのことをいいます。多くのユーザーを抱えるSNSとしては、Facebook、Twitter、TikTok、LINEなどが挙げられます。

2──「SNSアカウント」と「会員制オンラインサービス」の相続対象性

被相続人が生前利用していたSNSや会員制オンラインサービスの存在が判明した場合には、対象となるSNSなどのサービス利用規約などの内容を確認したうえで、相続の対象になるかどうかを検討することになります。

もっとも、著名なSNSの利用規約ではアカウント自体の譲渡や相続による承継を肯定する定めはあまり置かれていません。また、SNSというサービス自体がユーザーごとに形成される社会的ネットワークを基盤としていることも鑑みますと、少なくとも利用規約において譲渡や相続による承継が否定されているSNSのアカウントについては被相続人に一身専属的なものとして相続の対象とはならない可能性が高いものと考えられます。

　例えば、TikTokは、サービス利用規約においてサービスを利用する地位は「譲渡不能」と定めているため[20]、少なくとも相続人においてアカウント自体の承継は難しいのではないかと考えられます。

　なお、月額課金制の会員制オンラインサービスのように利用料金が発生するサービスについては、相続人は未払の料金債務を承継する可能性がありますので、注意が必要です。

3 ── アカウントの承継以外の選択肢

　前述したとおり、著名なSNSでは、サービス利用規約において相続による承継を肯定する定めが置かれていないことが多いのですが、アカウントの承継以外の選択肢として被相続人の意思に基づいて追悼アカウントに設定変更することやアカウント自体の削除を許容している場合があります。

　例えば、Facebookでは、ユーザーは生前、自らが死亡した場合には「追悼アカウント」の管理人を指名して追悼アカウントの管理を任せるか、アカウントを完全に削除するかのいずれを設定することができます。「追悼アカウント」とはFacebookの「利用者が亡くなった後に友達や家族が集い、その人の思い出をシェアするための場所」とされており「アカウント所有者がシェアしていたコンテンツ（写真や投稿など）はFacebookにそのまま残り、シェアしていた相手は引き続きそのコンテンツを見ることができます」。追悼アカウント管理人は、亡くなった方に代わって最後のメッセージをシェア

---

[20] ── TikTok「TIKTOKサービス利用規約」：https://www.tiktok.com/legal/terms-of-use?lang=ja

したり、プロフィール写真を更新するなどの一定の権限を有することになりますが、アカウント自体にログインしたり、亡くなった方のメッセージを読むことなどはできないようです[21]。

　また、Twitterでは、ユーザーが死亡した場合の対応につき「利用者が亡くなられた場合、Twitterは、権限のある遺産管理人または故人の家族とともにアカウントを削除するようにします」との方針を公表しており、こちらもアカウント自体の相続は認めていないようですが、遺族によるアカウントの削除については応じる場合があるようです[22]。

★21──Facebook「追悼アカウント」: https://www.facebook.com/help/1506822589577997
★22──Twitter「亡くなられた利用者のアカウントについてのご連絡方法」: https://help.twitter.com/ja/managing-your-account/contact-twitter-about-a-deceased-family-members-account

第3章 こんな時に備えて

Q 24　遺言を作成しようと思うのですが、どのような方法で作成すればよいのでしょうか？

A　遺言には、普通の様式の遺言として、自筆証書遺言、公正証書遺言、秘密証書遺言の3種類があります。それぞれについて法律上定められた形式があります。

解説

1——そもそも遺言とは

　遺言とは、自分の死後に一定の効果が発生することを意図した個人の最終意思が一定の方式のもとで表示されたものをいいます[23]。

　民法においては、「遺言は、この法律に定める方式に従わなければ、することができない」とされています（民法960条）。具体的には、遺言は、自筆証書、公正証書または秘密証書によってしなければならないとされ、ただし、特別の方式（民法976条等）によることを許す場合は、この限りでないとされています（民法967条）。また、遺言を作成するにあたっては、いわゆる遺言能力と呼ばれるものが必要であり、遺言時に15歳以上であることが必要です（民法963条）。

2——遺言に記載する内容

　遺言は、遺言者の死亡後に、遺言者の一方的な意思表示のみでその効力を発生させるものですので、無条件に効力を認めれば、利害関係人に混乱を生

---

[23]——潮見佳男『詳解 相続法』（弘文堂、2019年）356頁

じさせることになります。そのため、遺言に記載できる事項は法律で限定されています[24]。

　具体的には、財産の全部または一部を処分することをはじめ（民法964条）、遺言執行者の指定（民法1006条）、相続分の指定（民法902条）等、民法、一般法人法または信託法等に規定されています。これらに含まれないような、例えば、「家族みんなで仲良く暮らすように」といった遺言は、精神的な意味を持つとしても、法律上は効力を有しません。

3── 遺言の撤回

　遺言を作成した後、遺言者は、いつでも遺言の方式で撤回することができます（民法1022条）。つまり、遺言者は、「〜〜との遺言はなかったことにする」という趣旨の遺言を作成すれば撤回したことになります[25]。ちなみに、遺言を撤回する権利は放棄できないとされています（民法1026条）。

　また、新たに遺言を作成し、前の遺言と抵触する内容を含む場合には、後の遺言で、前の遺言を撤回したものとみなされます（民法1023条1項）。

　したがって、気が変われば、遺言を書き換えればよいということになります。

　なお、遺言の内容が遺言作成後の生前処分と抵触するときも、同様に撤回されたものとみなされます（民法1023条2項）。

4── 遺言の方式

　遺言の方式には、民法上、普通方式とされる自筆証書遺言、公正証書遺言および秘密証書遺言の3種類がある他、特別な遺言として、死亡危急時遺言、隔絶地遺言があります。これらのうち、普通方式である自筆証書遺言、公正証書遺言および秘密証書遺言について以下で説明します〔**図表4**〕。

★24──内田貴『民法Ⅳ 補訂版 親族・相続』（東京大学出版会、2004年）462頁
★25──潮見佳男『詳解 相続法』（弘文堂、2019年）414頁

（1） 自筆証書遺言

　自筆証書遺言とは、遺言者が遺言者の全文、日付および氏名をすべて自分で書き、押印して作成する方式の遺言をいいます（民法968条）[26]。後述するとおり、財産目録について自筆を要求しないとする改正がなされたことに加え、法務省における自筆証書遺言書保管制度が開始され、今後より利用者の増加が見込まれているところです。

　自筆証書遺言として認められるためには、遺言者が、その全文、日付および氏名を自書し、これに印を押さなければならないとされています（民法968条1項）。ただし、財産目録については活字等によることが認められています（同条2項）。その目録の毎葉（自書によらない記載がその両面にある場合にあっては、その両面）には、署名し、印を押さなければなりません（同条2項）。

　元々、改正前民法下では、自筆証書遺言は全文が自筆で作成されている必要がありましたが（改正前民法968条1項）、それが遺言者の負担となって自筆証書遺言の利用が阻害されているとの指摘がなされていました。また、財産目録は対象財産を特定するだけの形式的な事項であるため、この部分については自筆を要求する必要性が類型的に低いと考えられることから、財産目録は自署を要求しないこととして要件が緩和されました。その代わりとして、毎葉の署名押印を求めることで偽造変造を防止しています[27]。

　自筆証書遺言の特徴として、遺言者が死亡した後、遺言を執行する場合には、家庭裁判所で検認という手続きを経る必要があることが挙げられます（民法1004条1項）。検認とは、遺言書の保存を確実にして後日の変造や隠匿を防ぐ一種の証拠保全手続とされ、どのような用紙何枚に、どのような筆記具で、どのようなことが書かれ、日付、署名、印はどうなっているのか等々が記録されます[28]。

---

[26] 潮見佳男『詳解 相続法』（弘文堂、2019年）373頁
[27] 堂薗幹一郎・野口宣大『一問一答 新しい相続法—平成30年民法等（相続法）改正、遺言書保管法の解説』（商事法務、2019年）101頁
[28] 内田貴『民法Ⅳ 補訂版 親族・相続』（東京大学出版会、2004年）478頁

（2） 公正証書遺言

　公正証書遺言とは、遺言者が遺言の内容を公証人に伝え、公証人がこれを筆記して公正証書により作成する方式の遺言といいます（民法969条）[29]。近年、公正証書遺言の作成件数は増加しており、2009年は7万7878件であったのに対し、2018年は11万0471件となっています[30]。

　公正証書遺言として認められるためには、民法969条に定められる方式を充たしている必要があります。公正証書遺言が作成される過程は以下のとおりです。

①まず、遺言の作成にあたり、証人2人以上の立会が必要となります（同条1号）。

②そして、遺言者が遺言の趣旨を公証人に口授し（同条2号）、公証人は、これを筆記したうえで、遺言者および証人に対して読み聞かせ、または閲読させることになります（同条3号）。

③遺言者および証人が、②における公証人による筆記が正確であると認めた場合には、各自が署名押印します（同条4号）。

④最後に、公証人が、民法969条1号〜4号に定める方式に従って作ったものである旨を付記して、署名押印します（同条5号）。

　なお、公正証書遺言の執行においては、家庭裁判所における検認は不要とされています（民法1004条2項）。これは、公正証書遺言が、公証人によって作成され、公証役場において保管されることから、一般に偽造変造等のおそれがなく、保存が確実であるためです[31]。

（3） 秘密証書遺言

　秘密証書遺言とは、遺言者が遺言内容を秘密にして遺言を作成したうえで、封印した遺言証書の存在を明らかにする方法で行われる遺言をいいます（民法970条）[32]。

★29──潮見佳男『詳解 相続法』（弘文堂、2019年）398頁
★30──日本公証人連合会「平成30年の遺言公正証書作成件数について」
★31──堂薗幹一郎・野口宣大『一問一答 新しい相続法──平成30年民法等（相続法）改正、遺言書保管法の解説』（商事法務、2019年）223頁
★32──潮見佳男『詳解 相続法』（弘文堂、2019年）400頁

秘密証書遺言は、毎年100件台程度しか作成されていないとされています★33。これは、秘密証書遺言の作成にあたって公証人が関与するのは、遺言書の封紙面のみであるため、遺言本体の方式・内容不備で無効とされ、または争いになる可能性があること、公証役場に保管されるのは、遺言の封紙の控えのみであるため、遺言の紛失・隠匿・破棄のリスクがあること、遺言の存在自体は秘密にできないこと、証人の確保等の手間がかかること、検認が必要であること等が理由とされています★34。

　秘密証書遺言として認められるためには、民法970条に定める方式を充たしている必要があります。秘密証書遺言が作成される過程は以下のとおりです。

①まず、遺言者が、遺言内容が記載された証書に署名押印します（同条1号）。

②そのうえで、遺言者が、証書を封じ、証書に用いた印章で封印します（同条2号）。

③これを、公証人1人および証人2人以上の前に提出し、自己の遺言書であること及び証書の筆者の氏名・住所を申述します（同条3号）。なお、公正証書遺言と異なり、公証人および証人が立ち会う際には、既に遺言が作成されており、公証人および証人は遺言の内容には関与しません★35。

④そして、公証人が、その証書を提出した日付および遺言者の申述を封紙に記載した後、遺言者および証人とともに署名押印します（同条4号）。

　なお、秘密証書遺言については、公正証書遺言とは異なり、自筆証書遺言と同様に、遺言の執行に際して、家庭裁判所における検認の手続きを経る必要があります（民法1004条1項、2項）。

★33─内田貴『民法Ⅳ 補訂版 親族・相続』（東京大学出版会、2004年）467頁
★34─犬伏由子他『親族・相続法［第2版］』（弘文堂、2017年）355頁
★35─森野俊彦「公正証書遺言と秘密証書遺言、死亡応急時遺言における『証人』」（野田愛子他『新家族法実務大系 第4巻 相続［Ⅱ］—遺言・遺留分—』（新日本法規出版、2008年））92頁

〔図表4〕 3つの遺言の特徴

	自筆証書遺言	公正証書遺言	秘密証書遺言
全文の筆者	本人が自署（財産目録については例外あり）	公証人	制限なし
署名・押印	本人	本人 証人 公証人	本人 封紙には本人、公証人、証人
証人・立会人の要否	不要	公証人および 証人2人以上	公証人1人 および 証人2人以上
検認の要否	要	不要	要
長所・短所	手続きが簡便である 内容が不明確になる場合がある 紛失・偽造・変造等の危険がある	内容が明確である 紛失・偽造・変造等の危険がない 手続きが煩雑で費用がかかる	遺言内容について秘密の保持ができる 偽造・変造等の危険は自筆証書ほどではない 内容が不明確になる場合がある 手続きが煩雑で費用がかかる

出所：筆者作成

Q25 遺言を作成したら、どこに保管しておけばよいでしょうか?

A 自筆証書遺言および秘密証書遺言は自ら保管することが原則となります。公正証書遺言については、公証役場に保管されます。自筆証書遺言については、2020年7月から自筆証書遺言書保管制度が始まりましたので、この制度を用いて法務局に保管することも可能です。

解説

1——自筆証書遺言の保管場所

(1) はじめに

自筆証書遺言の保管は、遺言者自身の負担と責任のもとで行うことが必要です。これまでは、遺言者自身で保管するしかありませんでしたが、2020年7月からは、法務局における自筆証書遺言書保管制度が始まり、法務局で保管することも可能となりました。

(2) 自筆証書遺言書保管制度について

自筆証書遺言は、作成や保管について第三者の関与が不要であるため手軽に利用できる一方で、遺言者の死亡後、遺言の真正や遺言内容をめぐって紛争が生ずるリスクや、相続人が遺言書の存在に気付かないまま遺産分割を行うリスク等がありました。そこで、法務局における遺言書の保管等に関する法律(以下、「遺言書保管法」といいます)により特定の法務局(以下、「遺言書保管所」といいます)における遺言の保管制度を創設して、遺言書保管所における遺言の保管およびその画像情報等の記録や、保管の申請の際に遺言書保管官が行う自筆証書遺言の方式に関する遺言の外形的な確認等を行う制度が始

まりました★36〔**図表5**〕。

　自筆証書遺言書保管制度の利用申請がなされた場合、遺言書保管所は、本人確認等の一定の手続を行った後、遺言の原本を保管することに加え、遺言のデータを「遺言書保管ファイル」という電子ファイルに記録します（遺言書保管法6条、7条）。遺言書保管ファイルに記録することで、遺言書保管所であれば、どこでも遺言を閲覧することができるようになります。

　遺言書保管所に保管される期間は、遺言自体は50年、遺言にかかる情報については150年とされています（遺言書保管法6条5項、7条3項、法務局における遺言書の保管等に関する政令5条2項）。

　なお、Q24のとおり、自筆証書遺言の執行にあたっては検認が必要となりますが、自筆証書遺言書保管制度が用いられた場合には、検認は不要となります（遺言書保管法11条）。これは、自筆証書遺言書保管制度により遺言書保管所に保管されることとなる自筆証書遺言については、厳重に保管されることから、保管開始以降、偽造、変造等のおそれがなく確実に保存がなされるためです。

2── 公正証書遺言の保管場所

　公正証書遺言は、遺言証書の原本が公証役場で保管されます。

　公証役場に保管された遺言については、推定相続人等の利害関係人に、遺言の閲覧・謄本交付請求権が付与されます（公証人法44条1号、51条1号）。

　公証役場における保管期間は、公証人法施行規則において、原則として20年とされ（公証人法施行規則27条1項1号）、保管期間の満了した後も特別の事由により保存の必要があるときはその後も保管するものとされています（同27条3項）。そして、実務上は20年経過後も保管することが通例とされています★37。

★36──堂薗幹一郎他編『一問一答 新しい相続法─平成30年民法等（相続法）改正、遺言書保管法の解説』（商事法務、2019年）208頁
★37──潮見佳男『詳解 相続法』（弘文堂、2019年）434頁

3 —— 秘密証書遺言の保管場所

　Q24のとおり、秘密証書遺言は、公証役場には封紙の控えが保管されるのみですので、遺言は自身で保管する必要があります。

　また、秘密証書遺言では自筆証書遺言書保管制度は利用できません。自筆証書遺言書保管制度を利用できる遺言は、「法務省令で定める様式に従って作成した無封のものでなければならない」とされており（遺言書保管法4条2項）、封をすることが前提となる秘密証書遺言は、この要件を満たさないためです。なお、自筆証書遺言書保管制度を利用できる遺言は無封のものに限られるとした趣旨は、保管の申請があった際に、遺言の方式を確認する外形的な確認、遺言者と遺言保管制度の申請人の同一性の確認、遺言をスキャンし、電子データとすることを可能にする点にあります[38]。

---

[38] —— 堂薗幹一郎他編『一問一答 新しい相続法——平成30年民法等（相続法）改正、遺言書保管法の解説』（商事法務、2019年）212頁

〔図表5〕 全国の遺言書保管所（本局）一覧

名称	電話	所在地
東京法務局	03-5213-1234	〒102-8225 東京都千代田区九段南1-1-15
横浜地方法務局	045-641-7461	〒231-8411 横浜市中区北仲通5-57
さいたま地方法務局	048-851-1000	〒338-8513 さいたま市中央区下落合5-12-1
千葉地方法務局	043-302-1311	〒260-8518 千葉市中央区中央港1-11-3
水戸地方法務局	029-227-9911	〒310-0011 水戸市三の丸1-1-42
宇都宮地方法務局	028-623-6333	〒320-8515 宇都宮市小幡2-1-11
前橋地方法務局	027-221-4466	〒371-8535 前橋市大手町2-3-1
静岡地方法務局	054-254-3555	〒420-8650 静岡市葵区追手町9-50
甲府地方法務局	055-252-7151	〒400-8520 甲府市丸の内1-1-18
長野地方法務局	026-235-6611	〒380-0846 長野市大字長野旭町1108
新潟地方法務局	025-222-1561	〒951-8504 新潟市中央区西大畑町5191
大阪法務局	06-6942-1481	〒540-8544 大阪市中央区谷町2-1-17
京都地方法務局	075-231-0295	〒602-8577 京都市上京区荒神口通河原町東入上生州町197
神戸地方法務局	078-392-1821	〒650-0042 神戸市中央区波止場町1-1
奈良地方法務局	0742-23-5534	〒630-8301 奈良市高畑町552
大津地方法務局	077-522-4671	〒520-8516 大津市京町3-1-1
和歌山地方法務局	073-422-5131	〒640-8552 和歌山市二番丁3
名古屋法務局	052-952-8111	〒460-8513 名古屋市中区三の丸2-2-1
津地方法務局	059-228-4191	〒514-8503 津市丸之内26-8
岐阜地方法務局	058-245-3226	〒500-8729 岐阜市金竜町5-13
福井地方法務局	0776-22-5090	〒910-8504 福井市春山1-1-54
金沢地方法務局	076-292-7810	〒921-8505 金沢市新神田4-3-10
富山地方法務局	076-441-0550	〒930-0856 富山市牛島新町11-7
広島法務局	082-228-5201	〒730-8536 広島市中区上八丁堀6-30
山口地方法務局	083-922-2295	〒753-8577 山口市中河原町6-16
岡山地方法務局	086-224-5656	〒700-8616 岡山市北区南方1-3-58
鳥取地方法務局	0857-22-2191	〒680-0011 鳥取市東町2-302
松江地方法務局	0852-32-4200	〒690-0886 松江市東朝日町192-3
福岡法務局	092-721-4570	〒810-8513 福岡市中央区舞鶴3-5-25
佐賀地方法務局	0952-26-2148	〒840-0041 佐賀市城内2-10-20
長崎地方法務局	095-826-8127	〒850-8507 長崎市万才町8-16
大分地方法務局	097-532-3161	〒870-8513 大分市荷揚町7-5
熊本地方法務局	096-364-2145	〒862-0971 熊本市中央区大江3-1-53
鹿児島地方法務局	099-259-0680	〒890-8518 鹿児島市鴨池新町1-2
宮崎地方法務局	0985-22-5124	〒880-8513 宮崎市別府町1-1
那覇地方法務局	098-854-7950	〒900-8544 那覇市桶川1-15-15
仙台法務局	022-225-5611	〒980-8601 仙台市青葉区春日町7-25
福島地方法務局	024-534-1111	〒960-8021 福島市霞町1-46
山形地方法務局	023-625-1321	〒990-0041 山形市緑町1-5-48
盛岡地方法務局	019-624-1141	〒020-0045 盛岡市盛岡駅西通1-9-15
秋田地方法務局	018-862-6531	〒010-0951 秋田市山王7-1-3
青森地方法務局	017-776-6231	〒030-8511 青森市長島1-3-5
札幌法務局	011-709-2311	〒060-0808 札幌市北区北8条西2-1-1
函館地方法務局	0138-23-7511	〒040-8533 函館市新川町25-18
旭川地方法務局	0166-38-1111	〒078-8502 旭川市宮前1条3-3-15
釧路地方法務局	0154-31-5000	〒085-8522 釧路市幸町10-3
高松法務局	087-821-6191	〒760-8508 高松市丸の内1-1
徳島地方法務局	088-622-4171	〒770-8512 徳島市徳島町城内6-6
高知地方法務局	088-822-3331	〒780-8509 高知市栄田町2-2-10
松山地方法務局	089-932-0888	〒790-8505 松山市宮田町188-6

出所：法務省

Q 26　遺言によりデジタル遺産の相続先を指定することはできるのでしょうか?

A 相続財産となるデジタル遺産については、相続先を指定することができますが、その他のデジタル遺産については、遺言により相続先を指定することはできず、遺言に記載したとしても事実上の記載にとどまります。

解説

1——遺言事項

前提として、遺言においては、「財産の全部又は一部を処分することができる」とされており（民法964条）、遺言で処分できる財産は、有体物のほか、債権を含む無体物でもよく、債務免除も対象となるとされますが、他方、一身専属的権利は除くとされています[★39]。デジタル遺産についても、遺言で処分できるものについては、相続先を指定できることになりますが、それ以外のものについては、遺言に記載したとしても、事実上の記載にとどまることになります。

2——遺言の対象とすることができるデジタル遺産は何か。

Q5のとおり、デジタル遺産が遺言の対象となるか否かは不分明な点があります。

（1）　SNS・ブログ等のインターネットサイトのアカウント

これまで見てきたとおり、SNS・ブログ等のインターネットサイトのアカ

★39—能見善久・加藤慎太郎編『論点大系 判例民法11』（第一法規、2019年）314頁［犬伏由子］

ウントの多くは、利用規約において一身専属的権利とされており、遺言の対象とすることはできません。各サービスの利用規約での定められ方については第2章を参照してください。

（2）　ポイントサービス・前払式支払手段

また、ポイントサービス・前払式支払手段についても、その多くが利用規約において一身専属的権利とされており、遺言の対象とすることはできません。各サービスの利用規約での定められ方については第2章を参照してください。

（3）　暗号資産

他方、暗号資産については、その法的性質については議論があるところですが、暗号資産それ自体が相続財産になるとされており、遺言の対象と解されます。詳細はQ12を参照してください。

3── 遺言の対象にはできないものについてはどうなるか。

既に述べたとおり、遺言では「財産の全部又は一部を処分することができる」とされており（民法964条）、当該「財産」に含まれないデジタル遺産については遺言で相続先を指定することはできず、記載したとしても、あくまで事実上の記載にとどまります。

そのため、例えば、Q23のとおり、利用規約上相続が認められないことを前提としているTwitterについて、遺言において「私が生前保有していたTwitterのアカウントは、長男がアカウントの削除の手続きをする」と記載したとしても、法律上の効果は生じないため、長男が任意で削除することを期待するしかないことになります。

なお、負担付遺贈のような形で、事実上相続人に強制させる手段は考えられます。この点はQ27で紹介します。

Q 27 私が死亡した後、相続財産に含まれないデジタル遺産の処理を相続人や遺言執行者に任せることはできますか?

A 相続人にデジタル遺産の処理を任せる場合には、死後事務委任契約を締結することや、負担付遺贈をすることも考えられます。また、遺言執行者は、相続財産について遺言の執行に必要な行為をする権限を有するにとどまりますので、相続財産に該当しないデジタル遺産については遺言執行者に任せることはできません。

解説

1——死後事務委任契約について

民法上、他人に何らかの法律行為を委任する契約を委任契約といい、法律行為ではなく事務を委託する契約を準委任契約といいます（民法643条、656条）。もっとも、これらの契約は、委任者または受任者が死亡することにより終了するとされています（民法653条1号）。では、相続人が、第三者に対して、自らの死後にデジタル遺産の処理を委任すること（以下、「死後事務委任契約」といいます）はできるのでしょうか。

この点について、最判平成4年9月22日金法1358号55頁は、死後事務委任契約について、当然に委任者の死亡によっても契約を終了させない旨の合意を包含する趣旨のものであるから、民法653条によって合意の効力を否定するものではないと判示し、死後事務委任契約は、民法653条によって終了するものではないとしています。そして、死後事務委任契約は、委任者は自己の死亡後に契約に従って事務が履行されることを想定して契約を締結しているのであるから、特段の事情がない限り、委任者の地位の承継人が委任契約を解除して終了させることを許さない合意を包含する趣旨であるとして、相続人等の被相続人の承継者であっても、原則として解除ができない性質のもので

あるとされています（東京高判平成21年12月21日判タ1328号134頁）。

　このような死後事務委任契約を利用することによって、相続人または自らが信頼する第三者に対して、一定の事務を依頼することができます。死後事務委任契約は、一般的には、委任者が、死亡した後の葬儀・納骨・埋葬に関する各種手続を委任する場合に利用されることが多いと思われますが、デジタル財産の保有者がデジタル遺産の管理をすることもできることになります。

　なお、死後事務委任契約を利用する場合には、デジタル遺産が相続財産に含まれるか否かに関係なく、当該デジタル遺産の処理を委託することができることになります。

2—— 負担付遺贈について

　その他、負担付遺贈（民法1002条参照）を用いることも考えられます。

　負担付遺贈とは、受遺者に一定の法律上の義務を負担させる遺贈であり、負担とは、受遺者に課された法律上の義務ないし債務であり、その内容は受遺者の行為（作為または不作為）である必要があります。遺贈の目的と全く関係なく、遺言執行者となることや、ある者の看護、世話をすることを負担とすることもできます[40]。

　この制度を利用し、デジタル遺産の処理を負担の内容として相続財産を遺贈することによって、相続人等受遺者に対して、デジタル遺産の処理を任せることが可能となります。

　もっとも、負担付遺贈を受けた受遺者は、それを放棄することができるため（民法986条1項）、受遺者に放棄された場合には、自らの希望どおりデジタル遺産を処理できないことになります。また、仮に放棄しなかったとしても、受遺者が負担の内容を履行しなかった場合、その履行を強制することはできず、相続人が催告の後、家庭裁判所に遺贈の取消しを請求できるにすぎません（民法1027条）。このことを踏まえると、死後事務委任契約による方法を利用する方が、実効性が高いように思われます。

---

[40]——中川善之助・加藤永一編『新版注釈民法（28）相続（3）［補訂版］【復刻版】』277頁［上野雅和］

3——遺言執行者に任せることの可否について

遺言において遺言執行者を指定し、遺言執行者にデジタル遺産の処理を任せることはできるでしょうか。

遺言執行者とは、遺言者に代わって、遺言の内容を実現するために必要な事務処理を行う者です[41]。そして、遺言執行者は、遺言の内容を実現するため、相続財産の管理その他遺言の執行に必要な一切の行為をする権利義務を有するとされています（民法1012条1項）。つまり、遺言執行者は法的に遺言事項である内容を実現するための権利義務を有するのみであるため、相続財産に含まれるデジタル遺産については、遺言執行者にその処理を任せることができますが、他方、相続財産に含まれないデジタル遺産の処理を任せることはできないことになります。

[41]——潮見佳男『詳解 相続法』（弘文堂、2019年）436頁

Q 28　相続人に見られたくないデータがあるのですが、どうすればよいでしょうか?

A　相続人以外の第三者との間で死後事務委任契約を締結し、当該データの削除等をすることが考えられます。なお、相続財産に含まれるデジタル遺産については、実際には相続人の目に触れないようにすることは困難ですので、あらかじめ削除することが望ましいと考えます。

解説

1——死後事務委任契約を締結する方法

Q27のとおり、死後事務委任契約により、相続人以外の第三者にデジタル遺産の処理を委任することにより、相続人にデータを見られる前に削除等の処分をしてもらうことも考えられます。

2——その他の方法

死後事務委任契約を締結する以外に、相続人に見られずに、被相続人の死後にデータ等を削除する方法はないように思われます。

また、仮に死後事務委任契約を相続人以外の第三者と締結するにしても、相続財産に含まれるデジタル遺産については、相続人が関与しないことはほぼ不可能かと思われますので、この点には注意が必要です。また、死後事務委任を受託するサービスによっては、相続人とのトラブルを回避するべく、相続人との連携をとりながら死後事務を遂行するものもあるようです。

そうすると、相続人に見られたくないデータが相続財産に含まれるものか否かを問わず、相続人に見られないことが保証される制度はないということになりますので、可能な限り、事前に削除することが必要になるかと思われます。

Q 29 父親がデジタル遺産に関する対策をする前に
認知症になり、物事の判断が難しくなりました。
父親の生前にやっておくべきことはありますか?

A どの程度物事の判断が難しくなったかにもよりますが、意思能力が
認められない状態となっている場合には、デジタル遺産に関する対
策を行うことは難しいと思われます。後見開始の審判を申し立て、
成年後見人を付してもらうことも考えられますが、成年後見人制度
を利用してデジタル遺産に関する対策を講じることは難しいものと
思われます。成年後見人が付されている場合や、意思能力が認めら
れない状態とまでは認められない場合には、早急にデジタル遺産に
関する対策を行った方がよいでしょう。

解説

1──意思能力を欠くほどに物事の判断が
　　難しくなっている場合

　民法では、有効に意思表示をするには、その能力（事理弁識能力）が必要
と解されています。これを「意思能力」といいますが、一般的には子どもで
いえば6〜7歳くらいで意思能力が備わりだすといわれています[42]。そし
て、意思能力を欠く者が行う意思表示は無効とされています（大判明治38年5
月11日民録11輯706頁）。そのため、意思能力を欠くほどに物事の判断が難し
い状態に陥っている場合には、親と協議のうえデジタル遺産に関する対策を
とったとしても、無効となる可能性がありますので、注意が必要です。

　その場合、どのようにデジタル遺産に関する対策をとることが考えられる
でしょうか。

---

[42]──内田貴『民法Ⅰ 第4版 総則・物権総論』（東京大学出版会、2008年）103頁

(1) 成年後見制度とは

　成年後見人制度は、「精神上の障害により事理を弁識する能力を欠く常況にある者」（民法7条）が利用できる制度です。「精神上の障害により事理を弁識する能力を欠く常況」とは、強度の精神障害により、意思能力さえない状態をいうとされています[43]。裁判所が、「精神上の障害により事理を弁識する能力を欠く常況にある者」（民法7条）に該当すると判断した場合には、後見開始の審判がなされ、審判を受けた者は「成年被後見人」とされ、法定代理人として成年後見人が付されることになります（民法8条）。なお、同種の制度として、保佐人・補助人という制度もあります〔**図表6**〕。

(2) 成年後見人の業務の開始

　後見開始の審判がなされると、日常生活に関する行為を除き、原則として成年後見人が成年被後見人の代理人として行為を行うこととなります（なお、成年被後見人自身が行った行為は、取消しの対象となります）（民法9条）。成年後見人は、財産管理権および財産管理に関する法律行為についての代表権を有しており（民法859条1項）、デジタル遺産についても、種類によって成年後見人の財産管理権の範囲に含まれるものが存在します。

　もっとも、成年後見人の財産管理は、成年後見人が就任後に作成する後見計画に従って財産を管理することが求められます。そして、当該計画は、成年被後見人の財産管理については、成年被後見人の生活および病気の治療等の費用についてどのようにする予定か、成年被後見人の財産をどう管理するのか（現状を維持するのか、処分をするのか）等が記載されます[44]。当該計画に従って、経済的価値を有するデジタル遺産（例えば、暗号資産）を現金化することはあり得ますが、成年被後見人のデジタル遺産全体について包括的な対策を行うことは難しいでしょう。

★43—内田貴『民法Ⅰ 第4版 総則・物権総論』（東京大学出版会、2008年）109頁
★44—松原正明・浦木厚利『実務 成年後見法』（勁草書房、2020年）114〜115頁

2——意思能力を欠くまでには至らない程度に
物事の判断が難しくなっている場合

　意思能力を欠くまでには至らない程度に物事の判断が難しくなっている場合には、早急にデジタル遺産に関する対策を行った方がよいでしょう。

　具体的には、本人と協議をするほか、任意後見制度を利用する方法、死後事務委任契約を締結する等が考えられます。

　なお、普段は意思能力を欠くまでには至らない状態であったとしても、当該行為のときに一時的であっても意思能力を欠く状態にあった場合には、当該行為は無効となるので注意が必要です。

　保佐人・補助人が付いている場合であって、同意行為の対象となっている場合にも、取消しの対象となるので注意が必要です。

〔図表6〕成年後見・保佐・補助制度の概要

		成年後見	保佐	補助
判断能力の程度		精神上の障害により事理を弁識する能力を欠く常況にある者	精神上の障害により事理を弁識する能力が著しく不十分な者	精神上の障害（認知症・知的障害・精神障害等）により事理を弁識する能力が不十分な者
審判の申立権者		本人、配偶者、4親等内の親族、任意後見受任者、任意後見人、任意後見監督人、検察官、市町村長		
本人以外による申立についての本人の同意の要否		不要	不要	必要
成年後見人・保佐人・補助人による代理権	付与の対象	財産に関するすべての法律行為※	申立ての範囲内で家庭裁判所が定める「特定の法律行為」	同左
	付与の手続	後見開始の審判	保佐開始の審判＋代理権付与の審判＋本人の同意	補助開始の審判＋代理権付与の審判＋本人の同意
成年後見人・保佐人・補助人による同意権・取消権	対象行為	日常生活に関する行為以外の行為	民法13条1項各号所定の行為	民法13条1項各号所定の行為のうち、家庭裁判所が定めた行為
	付与の手続	後見開始の審判	保佐開始の審判	補助開始の審判＋同意権付与の審判＋本人の同意
成年後見人・保佐人・補助人による意思の尊重と身上配慮義務		あり	同左	同左

※成年後見人は、成年被後見人に代わって居住用不動産の売却、賃貸等をする場合は、家庭裁判所の許可を得なければならない。
出所：筆者作成

Q 30 私が死亡した後のデジタル遺産の処理を銀行等の第三者に任せることはできますか?

A 銀行等の第三者との間で死後事務委任契約を締結することが考えられます。実際、2020年8月現在、三井住友信託銀行が「おひとりさま信託」というサービスを提供しています。これにより、同行にデジタル遺産の消去を依頼することができます。今後、類似の商品が増えてくることが期待されます。

| 解説

1 ── 銀行等第三者との間で死後事務委任契約の締結する方法

　Q27のとおり、デジタル遺産の処理を他人に任せるにあたっては、死後事務委任契約を締結することが考えられます。

　実際、三井住友信託銀行は、2019年12月から「おひとりさま信託」という商品[45]の販売を開始しました。

　商品の内容としては、相続発生時の身の回りのことをトータルでサポートすることを目的としており、葬儀・埋葬の手続きや、家財整理、訃報の連絡といった死後事務を委任することができるというものです。

　委任できる死後事務の中には、デジタル遺産の消去も含まれており、パソコンやスマートフォンのデータを削除することを委任することができるとされています。

　具体的には、〔**図表7**〕のとおり、委任者は、エンディングノートを作成して相続発生後に関する希望事項を記録しておき、一定額の金銭を三井住友信

★45──三井住友信託銀行　おひとりさま信託・おひとりさま信託〈生命保険型〉https://www.smtb.jp/personal/entrustment/succession/after/

託銀行に信託したうえで、三井住友信託銀行が紹介する一般社団法人安心サポートとの間で死後事務委任契約を締結することとされています。相続発生後は、三井住友信託銀行は、受託した財産から、死後事務委任契約の手数料を精算のうえ、残余財産を相続人等あらかじめ指定した権利帰属者に分配し、一般社団法人安心サポートは、死後事務委任契約に基づき、(パソコンやスマートフォンのデータの消去を含む) 死後事務を履行することとされています。

〔図表7〕 おひとりさま信託のフロー図

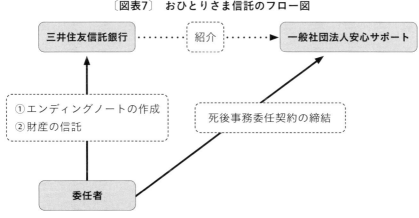

出所：三井住友信託銀行

　現在、「おひとりさま信託」では、デジタル遺産に関しては消去およびSNSなどの利用契約の解除のみができることとなっており、今後、デジタル遺産の処理をより広く委任できるようになるとさらに利便性が高まります。また、他の金融機関による類似の商品は存在しないようですが、今後、他の金融機関からも同様の商品が登場してくることが期待されます。

2──その他の方法

　その他には、信頼できる第三者機関に対して保有者の相続発生後における

デジタル遺産の即時かつ適切な処理（財産の承継を含みます）を委託することができる方法はあるでしょうか。

　経済的価値のあるデジタル遺産（例えば、暗号資産）については、デジタル財産の保有者が、金融機関の遺言信託と呼ばれるサービスを利用して遺言を作成し、金融機関に遺言を保管してもらったうえで、死後は、金融機関に遺言執行者として適切に相続人に対する分配を行ってもらうということが考えられます。

　また、遺言によりまたは死亡を停止条件として、デジタル財産を金融機関に信託し、死後の管理または処分を委ねるというスキームも考えられます。

　この点、信託できる財産とは、金銭的価値に見積もることができる積極財産であり、かつ、委託者の財産から分離することが可能であればすべて含まれるとされており、デジタル財産のうち暗号資産については、（その法的性質については議論があるにしても）いずれにしても信託財産として必要な性質は有しており、信託することができると解されています[46]。もっとも、この点は、後記3のとおり、兼営法の規制があることに留意が必要です。

　他方、ポイントサービス・前払式支払手段については、利用規約において、第三者に対する譲渡が制限されていることが多いため、信託を設定した場合には、利用規約に違反してしまうことになります。なお、2020年4月1日施行の債権法改正により、譲渡制限特約が付されていても債権譲渡の効力を妨げられないこととなったため、かかる場合も信託を設定すること自体は可能となりましたが、受託者が譲渡制限につき悪意または重過失の場合は債務者から履行を拒絶され得ます（民法466条）。

3── 金融機関に関する法的規制

　銀行その他の金融機関には、銀行法や金融機関の信託業務の兼営等に関する法律（以下、「兼営法」といいます）等の各種業法規制が及びます。金融機関に遺言の作成や保管を委託したり、財産を信託したりすることは、業法規制

---

[46]──金融法務委員会「仮想通貨の私法上の位置付けに関する論点整理」（2018年12月12日）19頁

上問題ないのでしょうか。

（1） 遺言の作成、保管および執行

まず、銀行は、銀行法12条によって、他業を営むことが禁止されています。そして、銀行法において定められている業務範囲には相続関連業務等は含まれないため、銀行法に基づいて銀行が遺言の作成、保管および執行を行うことはできません。

もっとも、兼営法に基づいて兼営信託金融機関として認可を受けた金融機関（以下、「金融機関」と述べる場合は当該認可を受けていることを前提とします）については、同法に基づき、同法1条1項に定める業務を信託業務として営むことができるとされています。そして同項に基づいていわゆる相続関連業務を行うことができるとされ、具体的には、遺言信託業務（同項4号、6号）、遺産整理業務（同項6号、7号ロ・ハ・ニ）を行うことができるとされています。

遺言信託業務とは、遺言書に関する手続きをサポートする業務であり、遺言者の生前においては遺言書の作成を支援するとともに遺言書の正本を保管し、遺言者の死後においては金融機関が遺言執行者に就任して遺言書を執行することが一般的です。

そこで、金融機関が遺言書の作成を支援する際に、遺言書に、他の財産の相続に関する事項に加えてデジタル遺産の相続についても記載してもらい、遺言執行者を金融機関としてもらうことで、経済的価値を有する暗号資産等のデジタル遺産についても、適切に承継され得ることになります。

（2） 信託

金融機関は、信託業法2条1項に規定する信託業を営むことができます（兼営法1条柱書）。

そして、上記のとおり、暗号資産については、信託財産として必要な性質を有しており、信託することができると解されています。金融機関が信託を受けること自体は、法律上問題ありません。

もっとも、暗号資産については、今後、兼営法施行規則が改正され、金融機関は暗号資産の信託を取り扱うことができないこととされる予定です。

2020年1月14日に金融庁が公表した「令和元年資金決済法等改正に係る政令・内閣府令案等の公表について」の「別表2　仮想通貨交換業者に関する内閣府令等の一部を改正する内閣府令（案）」によれば、金融機関が兼営法に基づいても行うことができない業務として、「信託財産の管理又は処分において暗号資産（中略）を含む財産の信託及び暗号資産関連デリバティブ取引（中略）を行う信託」が新たに追加されることが予定されています。現時点では当該改正の施行はなされていませんが、今後かかる改正が施行された場合、金融機関が直接的にデジタル遺産である暗号資産の信託を引き受けることは難しいでしょう。

（3）　死後事務委任

　最後に、デジタル遺産の保有者が、金融機関と死後事務委任契約を締結して、死後のデジタル遺産の管理および処分を金融機関に委任することができるのかについて検討します。

　兼営法上、金融機関が営むことができる業務は信託業および兼営法1条1項各号に掲げる業務に限定されているところ、これらの業務には、データ消去等の単なる事実行為としての死後事務は明確には挙げられていません。

　そのため、金融機関がこれらの死後事務を受任することができるかは必ずしも明らかではないと考えられます。

　そうであったとしても、金融機関としては、「おひとりさま信託」のように信頼できる一般社団法人等を死後事務の受任者として顧客に紹介したうえで、顧客の当該一般社団法人等に対する費用の支払いについて必要なサポートをするというスキームも考えられます。

Q 31 被相続人が亡くなった場合、相続人としては、被相続人のデジタル遺産に関し、何をすればよいのでしょうか?

A まずは、遺言の有無を確認することが必要です。もし遺言が存在する場合には、相続財産に含まれるデジタル遺産については遺言に従って処理をすることになります。もっとも、相続人間における遺産分割協議によって、遺言の内容とは異なる内容の合意をすることもできます。

解説

1——事前に相続人との間で協議ができている場合

もし、生前に相続人と被相続人との間でデジタル遺産の処理方針等について協議、合意ができていれば、それを前提に、デジタル遺産について、適宜、手続きを行っていけばよいでしょう。もっとも、相続人と被相続人との間で事前に協議が済んでいる場合は決して多くないかと思われます。

なお、事前に相続人間で遺産分割協議を行ったとしても、原則として無効と解されますので（東京地判平成17年12月15日判例秘書L06034763）、生前に相続人と被相続人との間でデジタル遺産の処理方針等について協議、合意ができていたとしても、法的な遺産分割協議としての効力は有さないので法的には被相続人の死後にあらためて遺産分割協議を行うことになることに注意が必要です。

2——事前に相続人との間の協議ができていない場合

事前の協議ができていない場合には、まずは遺言の存在の確認をする必要があります。

遺言書が作成されており、その存在および保管場所を知らされている場合には問題は生じませんが、遺言書の存在や保管場所を知らされていない場合には、被相続人が探す必要があります。

その場合、まずは自宅等身近な場所に遺言が存在しないかを確認する必要があります。

（1） 自筆証書遺言書保管制度の利用の確認

その一環として、自筆証書遺言書保管制度が利用されていないか、すなわち、遺言書保管所である法務局に保管されていないかを確認する必要があります。

遺言書保管法においては、遺言者が死亡した場合、誰でも、遺言書保管所において自己が相続人等の関係者[47]に該当する遺言書（以下、「関係遺言書」といいます）の保管の有無等を明らかにした証明書（以下、「遺言書保管事実証明書」といいます）の交付を請求することができます（遺言書保管法10条1項）。遺言者として特定された者が作成した遺言書が遺言書保管所に保管されており、かつ、当該遺言書が請求者にとって関係遺言書である場合には、遺言書が保管されている旨の遺言書保管事実証明書が交付されます。

他方、遺言者として特定された者が作成した遺言書が遺言書保管所には保管されていない場合、または保管されていたとしても、請求者の関係遺言書ではない場合には、遺言書が保管されていない旨の遺言書保管事実証明書が交付されることになります。

すなわち、遺言書が保管されていない旨の遺言書保管事実証明書が交付されたということは、遺言書保管事実証明書の交付請求者が、相続人である場合には、遺言書保管所には、遺言者として特定された者が作成した遺言書が保管されていないことを意味します。なお、請求者が相続人以外のものである場合には、当該証明書は、少なくとも、遺言者として特定された者が作成した、請求者を受遺者、遺言執行者等の関係相続人等とする遺言書は遺言書保管所に保管されていないことを意味します[48]。

そして、自筆証書遺言書保管制度に基づき遺言書が遺言書保管所に保管されていることが判明した場合には、遺言書情報証明書の交付請求（遺言書保

管法9条1項）や、遺言書の閲覧請求（同条3項）により遺言書の内容を確認することになります。これらの遺言書情報証明書の交付請求または遺言書の閲覧請求がなされた場合、遺言者の相続人、受遺者および遺言執行者に対し、遺言書保管所において関係遺言書が保管されている旨が通知されます（遺言書保管法9条5項）。

なお、Q25のとおり、自筆証書遺言書保管制度に基づき遺言書保管所に保管されていた遺言書については、家庭裁判所における検認の手続きは不要になります。

（2）　公正証書遺言の確認

また、公正証書遺言が作成されていないか否かも確認する必要があります。公正証書遺言については、公証役場において、公証人が使用できる遺言検索システムにより遺言の存在を確認することができます。

（3）　遺言が発見された場合

遺言が発見され、遺言において相続人のデジタル遺産についての処理方法が記載されていれば、それに従って、被相続人または受遺者が承継します。

なお、遺言にデジタル遺産についての記載がなされていたとしても、法的効果を生じるのは相続財産に含まれるものに限られ、それ以外については、事実上の記載にとどまります。

また、遺言が存在することがあっても、相続人間の遺産分割協議によって遺言の内容とは異なる内容を合意することもできます。

★47──遺言書保管法9条1項各号に掲げられている者をいい、遺言書保管法上「関係相続人等」とされています。
★48──堂薗幹一郎他編『一問一答 新しい相続法─平成30年民法等（相続法）改正、遺言書保管法の解説』（商事法務、2019年）219頁

Q 32 父親⁽⁼被相続人⁾が亡くなったのですが、相続人で
あることを理由に私が父親のSNS、ブログ、ク
ラウドサービスにアクセスする権利は認めら
れないのでしょうか?

A 利用規約に相続発生時の取扱いについての定めがある場合、相続人
によるアクセスの可否は基本的には当該定めに従うことになります。
他方、利用規約に相続発生時の取扱いについての定めがない場合、
相続人によるアクセスの可否は契約解釈によることになりますが、
アクセスが認められない可能性はあると考えられます。

解説

1——利用規約に相続発生時の取扱いについての
定めがある場合

　SNS、ブログ、クラウドサービスの利用規約では、利用者の相続発生時
の取扱いを定める条項が存在する場合があります(Q23参照)。例えば、
Twitterでは、「利用者が亡くなられた場合、Twitterは、権限のある遺産管理
人または故人の家族とともにアカウントを削除するようにします」と規定し
ています。

　そこで、このような条項の有効性が問題となります。

　当該条項の有効性はその内容にもよりますが、例えば、「利用者の相続が
発生した場合、利用者の地位及び権利は消滅し、相続の対象とはならない」
という条項のように、SNS、ブログ、クラウドサービスに関する利用者の権
利が一身専属のものであること(すなわち、相続の対象とならないこと)を定め
る条項であっても、有効である可能性が高いと考えられます(Q37参照)。

　そして、利用者の相続人は被相続人の契約上の地位を承継しますので、当
該条項が有効である場合には、利用者の相続人もこれに拘束される(=アク

セスする権利が認められない）ことになります。

　そのため、利用規約において相続発生時の取扱いを定める条項が存在する場合には、その内容が信義則に違反するなどの特段の事情がない限り、相続人はこれに従わざるを得ないと考えられます。

　そこで、SNS、ブログ、クラウドサービスへのアクセスを希望する相続人としては、まずはその利用規約を確認し、利用規約上で相続人にもアクセスが認められているようであれば、これに従って手続きをとることになります。

　他方、利用規約において相続人のアクセスが明示的に否定されている場合には、基本的には相続人がこれらのサービスにアクセスすることは困難であると考えられます。

　なお、この点に関し、2018年7月に、ドイツの連邦憲法裁判所において、Facebookの利用者が死亡した後、相続人が利用者の過去のメッセージを読むことができる権利を認める判決が下されましたが、日本においては類似の裁判例は見当たらないところであり、相続人としては基本的には利用規約に沿った対応をとらざるを得ないと考えられます。

2── 利用規約に相続発生時の取扱いについての
定めがない場合

（1）　利用者の死亡により利用契約が終了するか

　SNS、ブログ、クラウドサービスの利用規約に相続発生時の取扱いを定める条項が存在しない場合、相続人がこれらのサービスにアクセスすることができるかは契約解釈によることになります。

　この点については、まず、SNS、ブログ、クラウドサービスの利用契約（以下、「本利用契約」といいます）が民法上どのように位置付けられるかが問題となります。

　裁判例には、インターネット上の動画表示機能を利用できるクラウドサービスを提供する契約について、一定の事務処理を委託する準委任契約（民法656条）とみることができるとしたものがあります（東京地判平成24年9月5日

（Westlaw Japan文献番号2012WLJPCA09058009））。本利用契約も、サービス提供会社に一定の事務処理を委託するという性質を有すると考えられますので、準委任契約と解することができると考えられます。

　そして、民法上は、準委任契約は委任者の死亡により終了するとされていますので（民法656条、653条1号）、かかる定めに従えば、本利用契約が準委任契約に該当する場合、委任者（すなわち、利用者）の死亡により本利用契約は終了すると考えられます。

　もっとも、民法上、準委任契約が委託者の死亡により終了するとされているのは、準委任契約が個人的信頼関係を特に重視するためであるとされています[49]。この点、本利用契約は、利用者とサービス提供会社との間の個人的信頼関係に基づく契約ではなく、単にサービスの利用契約という性格が強いため、利用者の死亡によっても民法656条、653条1号は当然には適用されない（すなわち、本利用契約は終了しない）という解釈も考えられるところです。

　しかしながら、SNS、ブログ、クラウドサービスにおいては、利用者が個人の場合、属人的な利用が想定されていることが一般的と思われますので、かかる性質に着目すれば、やはり利用者の死亡によって本利用契約は終了すると解される可能性もあります。

　以上のとおり、本利用契約が利用者の死亡により終了するか否かは契約解釈によるため、必ずしも明確ではありませんが、利用者の死亡により終了すると解される可能性はあると考えられます。

（2）　利用契約が終了した場合のアクセス

　仮に利用者の死亡によって本利用契約が終了するとしても、なお相続人によるアクセスが認められないかは別途問題となります。

　この点、判例は、預金契約について、預金契約は委任事務ないし準委任事務の性質を有しているため、金融機関は、その事務処理状況の報告義務（民法645条、656条）の一環として、預金者の求めに応じて預金口座の取引経過

---

[49]——幾代通＝広中俊雄『新版　注釈民法（16）債権（7）』293頁（有斐閣、平成元年）〔明石三郎〕

を開示すべき義務を負うと判示しています（最判平成21年1月22日民集63巻1号228頁）。

　前記のとおり、本利用契約は準委任契約の性質を有すると解することができますので、かかる判例の判示を踏まえますと、報告義務の履行の一環として、相続人によるアクセスが認められ得るようにも思われます。

　しかしながら、仮にサービス提供会社が本利用契約に基づく事務処理の報告義務を負うとしても、サービス提供会社としては取引経過の概要を報告すれば足り、必ずしもSNS、ブログ、クラウドサービスへのアクセスまで認める必要はないと考えられますので、かかる判例の判示を踏まえても、相続人によるアクセスは認められない可能性が高いと考えられます。

Q 33 父親（＝被相続人）が亡くなったのですが、ログインIDやパスワードがわからないため、父親のパソコンやスマートフォン等のデジタル機器に何が入っているかわかりません。どうすればよいでしょうか?

A ログインIDやパスワードがわからない場合、専門業者に解析を依頼することが考えられます。もっとも、こうした解析には費用がかかるうえ、専門業者によってもログインIDやパスワードを解析できない場合があります。

解説

1── はじめに

被相続人が死亡した場合、相続人としては、そもそも被相続人がどのようなデジタル遺産を保有していたかを把握していないことが多いと思われます。そこで、相続人としては、被相続人のパソコンやスマートフォン等のデジタル機器を解析することにより、被相続人のデジタル遺産を把握することが考えられます（その他にデジタル遺産を把握する方法としては、被相続人の銀行口座の通帳の異動やクレジットカードの利用明細を確認する方法も考えられます）。

もっとも、相続人としては、被相続人が設定したログインIDやパスワードがわからず、パソコンやスマートフォン等のデジタル機器にアクセスすることができないことがあり得ます。

2── 専門業者による解析

ログインIDやパスワードがわからない場合には、専門業者に対し、ログ

インIDやパスワードの解析（デジタルデータフォレンジックとも呼ばれます）を依頼することが考えられます。

　こうした専門業者は、例えばブルートフォースアタック（あり得るパターンをすべて入力してパスワード等を解読する方法であり、総当たり攻撃とも呼ばれます）等の手法を用い、ログインIDやパスワードを解析します。なお、専門業者によっては、Windows等のOSのパスワードが不明な場合も、OSを介することなく直接HDDのデータを抽出・解析できる場合もあります（ただし、HDDが暗号化されており、パスワードが判明しない場合にはこのような解析も困難となります）。

　もっとも、こうした専門業者による解析には数十万円の費用を要することも珍しくはありません。

　また、最近では、パスワードの入力を一定回数誤った場合、ロックがかかったり、初期化されてしまう（すなわち、データ等も消去されてしまう）仕様になっている場合があるなど、セキュリティが強化されている傾向にありますので、専門業者に依頼をしてもログインIDやパスワードを解析できない結果に終わるという場合もあります。

　なお、相続人が複数いる場合にかかる解析を相続人の一部で行うことができるかについては、Q39をご参照ください。

Q 34 父親（＝被相続人）が亡くなったのですが、思い出のために、父親が生前利用していたSNSやブログをそのままインターネット上に残しておくことは可能でしょうか?

A 基本的には当該サービスの利用契約の内容によることになりますが、例えば、当該サービスにおいて追悼アカウント等のサービスが用意されている場合には、これを利用することが考えられます。また、このようなサービスが用意されていない場合も、実務上は、被相続人が生前利用していたSNSやブログを事実上残すことも考えられますが、債務不履行責任を負うリスク、サービス消滅のリスク、乗っ取りのリスク等に留意する必要があります。

解説

相続人であることを理由として被相続人のSNSやブログにアクセスすることができるか否かは、基本的に当該サービスの利用契約の内容によることになります（Q32参照）。

例えば、FacebookやInstagramのように利用者が死亡した後の追悼アカウントが用意されているサービスについては、かかる追悼アカウントを利用することにより、被相続人のシェアしていたコンテンツ（写真や投稿等）を残すことが可能です（Q23参照）。

そのようなサービスが用意されておらず、相続人による承継も認められていないSNSやブログについては、相続人が、サービス提供会社に対し、被相続人が生前使用していたSNSやブログを残すことを求める権利を有するわけではないと考えられます。

もっとも、実務上は、サービス提供会社が利用者の死亡の事実を把握できることは稀であると思われますので（また、無料のサービスの場合には、被相続人死亡後に利用料の不払によりサービスが解約されることもないと思われますの

で）、相続人がサービス提供会社に対し被相続人の死亡の事実を通知しなければ、事実上、SNSやブログのアカウントは残ったままとなると思われます。

そこで、相続人としては、上記のような方法により、事実上、SNSやブログをインターネット上に残しておくことが考えられます。

もっとも、①利用規約において、利用者が死亡した場合には利用者の権利は消滅し、相続人には承継されない旨が定められているにもかかわらず、相続人が利用を継続した場合や、②利用規約において利用者の死亡が通知事由として定められているにもかかわらず、相続人がこれを懈怠した場合等には、理論上は債務不履行責任が生じ得ることは留意する必要があります。

さらに、SNSやブログに係るサービスが突然終了する可能性や、利用者の死亡の事実を知ったサービス提供会社がサービスを停止する可能性もありますので、データバックアップをとったり、スクリーンショットにより画面を保存するという対応をとっておくことが望ましいと考えられます。

加えて、SNSやブログを長期間放置すると、第三者による乗っ取りにあう可能性もありますので、かかる観点からSNSやブログを閉鎖する必要がないかも検討する必要があります。

Q 35 他の相続人が暗号資産の相続手続に協力してくれないのですが、相続人の一部のみでこれらの手続きをとることはできるのでしょうか?

A 相続人としては暗号資産交換業者に対し暗号資産の返還請求権を行使することが考えられますが、かかる権利については、遺産分割協議の対象となり、相続人の一部のみでこれを行使することはできないと解される可能性が否定できないと考えられます。

解説

1——暗号資産の法的性質

　暗号資産の法的性質については議論がなされているところであり、確定的な見解はありません。

　まず、暗号資産が所有権の客体となるかが問題となります。この点については、所有権の客体となるのは有体物のみと解されていることから、無体物である暗号資産は所有権の客体とはならないとする見解が有力です[50]。東京地判平成27年8月5日（LLI/DB判例秘書・判例番号L07030964）も、ビットコインについて所有権を認めない旨を判示しています。

　次に、暗号資産を債権として説明することも考えられますが、暗号資産は前払式支払手段と異なり発行者の存在を前提としてないことから、暗号資産自体を特定の者に対する債権と捉えることも困難であるとされています。

　このように、暗号資産をどのように位置付けるべきかは必ずしも明確ではありません。

　もっとも、一般的には、暗号資産は暗号資産交換業者（bitFlyer、Bitbank、

---

[50]——金融法務委員会「仮想通貨の私法上の位置付けに関する論点整理」（2018年12月12日）4頁

DMMビットコイン、GMOコイン等）に預託して取引することが多いと思われるところ、このような場合には、利用者と暗号資産交換業者との間の契約に基づき、利用者の暗号資産交換業者に対する暗号資産の返還請求権を観念することができると考えられます。

　そこで、かかる返還請求権を相続した相続人が複数いる場合、相続人の一部がこれを単独で行使することができるかが問題となります。

2── 暗号資産の返還請求権の相続

　判例上、相続人が複数人存在し、相続財産に可分債権がある場合には、その債権は、相続発生と同時に当然に分割され、各相続人は相続分に応じてその権利を承継すると解されています（最判昭和29年4月8日民集8巻4号819頁等）。

　暗号資産の返還請求権の法的性質については議論があるところではありますが、これを債権と捉えた場合、当該返還請求権が可分債権といえるのであれば、各相続人は相続分に応じてその権利を行使することができることになります（他方、可分債権に該当しない場合には、遺産分割協議の対象となります）。そこで、当該返還請求権が可分債権に該当するか否かが問題となります。

　この点、判例上、普通預金債権については、預金が現金に近いものとして取り扱われていることや、預金契約が解約されない限り、同一性を保持しながら常にその残高が変動し得るものとして存在することを理由として、相続開始と同時に当然に相続分に応じて分割されることはないと判示されています（最大決平成28年12月19日民集70巻8号2121頁）。

　かかる判示を踏まえますと、暗号資産の返還請求権についても、暗号資産が現金に近いものとして取り扱われているということができ、かつ、利用契約の解釈として、同一性を保持しながら常にその残高が変動し得るものとして存在しているといえるのであれば、可分債権に該当しない（すなわち、遺産分割協議の対象となる）とされる可能性があると考えられます。

　以上のとおり、暗号資産の返還請求権が遺産分割協議の対象となり、相続人の一部のみでこれを行使することはできないと解される可能性は否定できないと考えられます。

Q 36 デジタル遺産（＝デジタル資産）の利用者の推定相続人は、利用者の死亡前に、デジタル遺産の相続についてどのような対応をとることができるのでしょうか？

A 推定相続人としては、デジタル遺産のうち特に経済的価値があると思われるもの（暗号資産や前払式支払手段等）については、被相続人と生前に協議しておき、相続発生時の対策を講じてもらうことや、保有するデジタル遺産の概要等を申告しておいてもらうことなどが考えられます。

解説

　現在のインターネット社会においては、自身の被相続人が何かしらのデジタル遺産を保有している可能性（すなわち、自身がデジタル遺産の相続人となる可能性）は高いと考えられます。

　もっとも、デジタル遺産の保有者が生前にデジタル遺産の相続について一定の対応をとることが可能であること（Q26, Q27参照）に比べ、推定相続人がそのような対応をとることは基本的に困難であると考えられます。例えば、Facebookでは追悼アカウントの管理人を指名することができますが、かかる指名はあくまでも利用者によりなされることになっていますし、また、相続人が実際に追悼アカウントの管理を行うことができるのは利用者が死亡してからとなります。

　推定相続人としては、デジタル遺産のうち特に経済的価値があり、かつ、相続の対象となり得ると思われるもの（暗号資産や前払式支払手段等）については、被相続人と生前に協議しておき、相続発生時の対策を講じてもらうことや、保有するデジタル遺産の概要等を申告しておいてもらうことなどが考えられます。

　また、被相続人が推定相続人と相談して遺言書の内容を定めるような場合

には、推定相続人としては、デジタル遺産の相続についても併せて遺言書で定めるよう提案することも考えられます（遺言によりデジタル遺産の相続先を指定することができるかについてはQ26参照）。

なお、相続開始前の遺産分割協議は効力を生じないとする見解が有力です（東京地判平成6年11月25日判夕884号223頁）。したがって、被相続人の生前に推定相続人間でデジタル遺産の相続について遺産分割協議を行ったとしても、法的には遺産分割協議としての効力は有しない可能性が高いと考えられます。

Q 37 デジタル遺産にかかるサービスの利用規約に「利用者の相続が発生した場合、利用者の地位及び権利は消滅し、相続の対象とはならない」という条項が定められているのですが、相続人は当該条項の拘束力や有効性を争うことはできないのでしょうか?

A 当該条項の拘束力や有効性はサービスの利用契約の内容にもよりますが、例えば、SNS、ブログ、クラウドサービスのように、利用者が個人で属人的な利用が想定されているものについては、拘束力や有効性を争うことはできない可能性が高いと考えられます。

解説

1── はじめに

契約当事者は、原則として契約の内容を自由に定めることができますので（いわゆる契約自由の原則）、かかる原則に従えば、本Qに挙げられた条項（以下、「本条項」といいます）のように、一方当事者が有している権利が当該当事者の死亡により消滅する旨を自由に合意することができると考えられます。そして、利用者の相続人は被相続人の契約上の地位を承継しますので、本条項の有効性が認められる場合には、利用者の相続人もこれに拘束されることになります。

もっとも、デジタル遺産に係るサービスの利用規約（以下、「本利用規約」といいます）は基本的に「定型約款」（民法548条の2第1項）に該当すると考えられるところ、本条項は定型約款に係るいわゆる不当条項に該当し、利用者ないしその相続人に対し拘束力を有しないのではないかが問題となり得ます（民法548条の2第2項）。

また、本条項は消費者契約法10条により無効となるのではないかということも問題となり得ます。

2——本条項は不当条項に該当するか

（1） 定型約款の意義

本利用規約は、基本的に「定型約款」（民法548条の2第1項）に該当すると考えられます。

定型約款とは、2020年4月1日に施行された民法改正で新たに導入された概念であり、定型取引（①不特定多数の者を相手方として行う取引であって、②その内容が画一的であることが双方にとって合理的な取引をいいます）の契約内容として一方当事者により準備された条項を指します。定型約款の例としては、預金規定や、市販のコンピュータソフトウェアのライセンス規約等が挙げられます。

この点、デジタル遺産に係るサービスの取引は、一般的に、事業者が不特定多数の利用者を相手方として行う取引であり（上記①）、その内容が画一的であることが合理的な取引ですので（上記②）、事業者が定める本利用規約は定型約款に該当すると考えられます。

（2） 定型約款の拘束力

本利用規約が定型約款に該当する場合において、
①定型約款を契約の内容とする旨の合意が当事者間でなされたとき
（例えば、利用者に対して本利用規約が適用される旨の表示がなされ、利用者がその内容に同意する旨のチェックボックスをクリックしたとき）、または
②あらかじめその定型約款を契約の内容とする旨の表示がなされたとき
（例えば、利用者に対して本利用規約が適用される旨の表示がなされたとき）
は、たとえ利用者が個別の条項の内容を認識していなかったとしても、利用者は原則として本利用規約に拘束されることになります（民法548条の2第1項）。

デジタル遺産に係るサービスの場合、当該要件を充足することが多いと考えられます。

(3) 不当条項の該当性

もっとも、仮に本利用規約が定型約款に該当したとしても、①相手方の権利を制限し、または相手方の義務を加重する条項であって、②信義則（民法1条2項）に反すると認められる条項（いわゆる不当条項）については、拘束力を有しません（民法548条の2第2項）。

そこで、本条項がいわゆる不当条項に該当するかが問題となります。

本条項が不当条項に該当するかはサービスの利用契約の内容にもよりますが、例えば、SNS、ブログ、クラウドサービスについては、これらの利用契約を一定の事務処理を委託する準委任契約（民法656条）と解する場合、利用者の死亡により当該利用契約は当然に終了するという解釈もあり得ます（民法656条、653条1号。Q32参照）。もっとも、仮にかかる解釈に立ったとしても、利用契約に関する一切の権利が利用者の死亡により消滅するという本条項の内容は、利用者ないしその相続人の権利を制限するものであると考えられます（上記①）。

また、上記②については、SNS、ブログ、クラウドサービスは、利用者が個人の場合は属人的な利用が想定されていることが一般的であると考えられますので、本条項の内容が信義則に反するとまではいえない可能性が高いと考えられます。

したがって、SNS、ブログ、クラウドサービスについては、本条項は不当条項に該当しない可能性が高いと考えられます。

3—— 本条項は消費者契約法10条により無効となるか

消費者契約法10条は、消費者と事業者との間の契約のうち、民法等の適用による場合に比べて消費者の権利を制限し、または消費者の義務を加重する条項であって、信義則（民法1条2項）に反して消費者の利益を一方的に害するものは無効とすると定めています。

この点、不当条項に係る民法548条の2第2項と消費者契約法10条とは、その文言や規制の趣旨が異なるものの、その比較対象および考慮要素は重複するところが多く、消費者契約法10条についても、基本的に上記2（3）で記載した検討が妥当だと考えられます。

　なお、個人事業主が事業のためにデジタル遺産に係るサービスを利用している場合のように、個人が事業として又は事業のために契約の当事者となる場合は「消費者」には該当しないため（消費者契約法2条1項）、そもそも消費者契約法10条の適用はありません。

Q 38 父親（＝被相続人）が利用していたデジタル遺産にかかるサービスについて、父親宛ての利用料金の請求書が届いたのですが、私（＝相続人）はこれを支払わなければならないのでしょうか？

A 相続人は、被相続人が利用していたデジタル遺産に係るサービスの利用料金の支払義務を負うと考えられます。なお、相続人が複数いる場合、相続人は、①被相続人の死亡以前に発生した利用料金については、原則として法定相続分の割合に従った金額の支払義務を負い、②被相続人の死亡後に発生した利用料金については、連帯債務としてその支払義務を負う可能性が高いと考えられます。

解説

1——はじめに

デジタル遺産にかかるサービスには定期の利用料金が発生するものがあります（クラウドサービスの月額利用料金等）。

当該利用料金については、被相続人がクレジットカード払いや銀行口座からの自動引落としの設定を行っているのが通常ですが、相続人がカード会社や銀行に対し死亡届を提出した場合には、クレジットカードが解約され、または銀行口座が凍結されるため、利用料金の支払いがなされないことになります。

このような場合、サービス提供会社は未払の利用料金を相続人に対し請求することになります（なお、サービス提供会社が被相続人の死亡の事実を把握していない場合には、当該請求は被相続人宛てになされることになります）。

そこで、相続人がこのような未払の利用料金を支払う必要があるかが問題となります。この点、当該利用料金は、①被相続人の死亡以前に発生した利用料金と、②被相続人の死亡後に発生した利用料金とに分かれます。①

の利用料金は相続財産に含まれますが、②の利用料金は相続財産には含まれませんので、以下では、①と②に分けて説明します。

2—①被相続人の死亡以前に発生した利用料金

①の利用料金については、被相続人の負担していた金銭債務がどのように相続されるかが問題となります。

この点、一般に、被相続人の負担していた金銭債務のうち、可分債務であるものは、法律上当然に相続分に従い分割され、各相続人に帰属するとされています（最判昭和34年6月19日民集13巻6号757頁）。

利用料金の支払債務は可分債務ですので、①の利用料金は、相続により、当然に相続分に従い分割され、各相続人に帰属することになります。

例えば、相続人が被相続人の妻A、長男Bおよび次男Cである場合、A、B、Cの法定相続分はそれぞれ2分の1、4分の1、4分の1となりますので、未払の利用料金が1万円である場合には、Aが5000円、Bが2500円、Cが2500円の利用料金の支払債務を承継することになります。

それでは、遺言で全財産をBに相続させる旨が定められていた場合はどうなるのでしょうか。当該遺言のように法定相続分と異なる相続分の指定が遺言でなされていた場合でも、相続債権者は、相続人に対し、法定相続分に従った債務の履行を請求することができ、また、相続債権者の選択により、遺言で定められた相続分の指定に従った債務の履行を請求することもできます（民法902条の2）。これは、遺言による相続分の指定は相続債権者の関与なくなされるため、相続債権者の利益を考慮したものとなります。なお、相続人から債権者に対し、遺言で定められた相続分に従う旨を主張することはできません。

したがって、上記のケースでいえば、サービス提供会社は、A、B、Cに対し、それぞれ5000円、2500円、2500円の利用料金の支払いを請求すること、または、Bに対し、1万円の利用料金の支払いを請求することのいずれも選択することができます。

なお、仮に相続人が相続放棄をした場合には、当該相続人は利用料金の支

払義務を負いません。

3──②被相続人の死亡後に発生した利用料金

仮に利用者の死亡が契約の解約事由となっていない場合、被相続人の死亡後も、相続人が契約を解約するまで（または指定口座の凍結等に伴う利用料金の未払等を理由としてサービス提供会社が契約を解約するまで）利用料金が発生し続ける可能性があります。

また、仮に利用者の死亡が契約の解約事由となっている場合であっても、利用規約において、サービス提供会社に対し死亡の届出がなされるまでは死亡の事実をサービス提供会社に対抗することができない旨が定められている場合があり、かかる場合は、被相続人の死亡後も、相続人が死亡の届出を行うまで（または指定口座の凍結等に伴う利用料金の未払等を理由としてサービス提供会社が契約を解約するまで）利用料金が発生し続ける可能性があります。

この点、被相続人の死亡後に発生した利用料金は相続財産ではないものの、相続人は被相続人の契約上の地位を承継するため、上記の各ケースにおいては、相続人は原則としてこれらの利用料金の支払義務を負うと考えられます。なお、相続人が複数の場合、契約の解釈にもよりますが、当該債務は連帯債務となる（すなわち、各相続人がそれぞれ利用料金の全額を支払う義務を負う）可能性が高いと考えられます。

4──相続人としてとるべき対応

上記のとおり、被相続人の死亡以前に発生した利用料金であるか、または被相続人の死亡後に発生した利用料金であるかにかかわらず、相続人は被相続人が利用していたデジタル遺産に係るサービスの利用料金の支払義務を負うと考えられます。

相続人としては、被相続人の死亡後に相続人にとって不必要なサービスの利用料金が発生し続ける事態は早期に解消した方がよいと考えられます。そこで、被相続人の死亡後、被相続人のクレジットカードの明細や預金通帳の

異動を確認するなどして、かかる利用料金が発生するサービスの有無を確認したうえで、仮にかかるサービスがあり、相続人にとって当該サービスの利用継続の必要が認められないという場合には（ないし、そもそも相続人が利用継続することができないサービスの場合には）、速やかに被相続人の死亡の事実を当該サービス提供会社に届け出たうえで、解約手続をとるなどの対応をした方がよいと考えられます。

Q 39 相続人の一部と連絡がとれないのですが、被相続人のパソコンやスマートフォン等のデジタル機器を勝手に解析することは可能でしょうか？ また、相続人の一部のみで、被相続人のデジタル機器を廃棄したり、売却したりすることはできるのでしょうか？

A デジタル機器を解析する行為は、管理行為として、相続人の過半数の同意が必要となる可能性があると考えられます。また、これらの行為により、誤ってデジタル機器内のデータを消去してしまったり、初期化してしまったりした場合、相続人は、他の相続人に対し、不法行為に基づく損害賠償責任を負う可能性もあると考えられます。さらに、デジタル機器の廃棄や売却は、変更行為として、全相続人の同意が必要であると考えられます。したがって、相続人としては、基本的には、他の相続人の同意を得たうえで、これらの行為を行った方がよいと考えられます。

解説

1──デジタル機器の共有について

　相続人が複数いる場合、原則として被相続人の保有していたデジタル機器は相続人の共有となります（民法898条）。なお、遺言においてデジタル機器を特定の相続人に相続させる旨を定めることも可能ですが、実務的には、そもそも遺言がないケースや、遺言があったとしてもデジタル機器の相続先までは定められていないケースも多いと思われます。

　デジタル機器が相続人の共有となる場合、その解析を相続人の一部により行うことができるかが問題となります。

共有物に関する行為については、以下のとおり、その態様によって必要となる条件が異なります。

①保存（民法252条但書）…現状を維持する行為を指します。相続人が単独で実施可能です。

②管理（民法252条本文）…利用・改良行為を指します。相続人の過半数の同意が必要となります。

③変更（民法251条）…共有物に物質的な変更を加える行為に加え、売却等の処分行為も含みます。全相続人の同意が必要となります。

2——デジタル機器の解析等について

　相続人がデジタル機器の解析に関して行う行為としては、(a) デジタル機器のログインIDやパスワードが判明している場合に、相続人がこれを利用してデジタル機器にアクセスし、デジタル遺産の内容を確認する行為、(b) デジタル機器のログインIDやパスワードが判明していない場合に、相続人が専門業者を利用してこれを解析する行為、(c) 相続人が専門業者を利用してデジタル機器内のデータを復旧する行為が想定されます。

　これらの行為は、保存行為に当たるという余地もあるとは思われるものの、基本的には、デジタル機器の現状維持のために必要な行為とはいいがたいと考えられます。そのため、かかる行為は、デジタル機器を利用する管理行為として、相続人の過半数の同意が必要と解される可能性が高いと考えられます。

　また、上記 (a) 〜 (c) の行為を行う際に、誤ってデジタル機器内のデータを消去してしまったり、初期化してしまったりすることもあると考えられます。こうした場合、これらの行為を行った相続人は、他の相続人に対し、不法行為に基づく損害賠償責任を負う可能性もあると考えられます。

　したがって、相続人としては、基本的には、他の相続人の同意を得たうえで、これらの行為を行った方がよいと考えられます。

3──デジタル機器の廃棄・売却について

　デジタル機器を廃棄したり、またはこれを売却したりする行為は、共有物の「変更」に当たりますので、全相続人の同意が必要となります。

　仮に他の相続人に無断でかかる行為を行った場合、不法行為に基づく損害賠償責任を負う可能性もありますので、基本的には他の相続人の同意を得たうえでこれらの行為を行った方がよいと考えられます。

　なお、相続人が被相続人のデジタル機器の廃棄または売却を行った場合、単純承認（民法921条1号）に該当し、相続手続において限定承認や相続放棄をすることができなくなりますので、限定承認や相続放棄をすることを検討している相続人は留意する必要があります。

Q&Aでわかる！　デジタル遺産の相続

2021 年 2 月 16 日　初版発行
2021 年 7 月 21 日　第 2 刷発行

著者　　　笹川豪介　関原秀行　冨田雄介　関口彰正
発行者　　加藤一浩
発行所　　株式会社きんざい
　　　　　〒160-8520　東京都新宿区南元町19
　　　　　☎（編集）03-3355-1770　（販売）03-3358-2891
　　　　　https://www.kinzai.jp/
編集協力　内田まさみ　獅子目晃一
デザイン　松田行正　杉本聖士
印刷　　　シナノ印刷株式会社

ISBN978-4-322-13844-3